Paul Johannes Rée
Peter Candid

Rée, Paul Johannes: Peter Candid
Hamburg, SEVERUS Verlag 2011.
Nachdruck der Originalausgabe von 1890.

ISBN: 978-3-86347-045-6
Druck: SEVERUS Verlag, Hamburg 2011

Der SEVERUS Verlag ist ein Imprint der Diplomica Verlag GmbH.

Bibliografische Information der Deutschen Nationalbibliothek:
Die Deutsche Nationalbibliothek verzeichnet diese Publikation in der
Deutschen Nationalbibliografie; detaillierte bibliografische Daten sind
im Internet über http://dnb.d-nb.de abrufbar.

© **SEVERUS Verlag**
http://www.severus-verlag.de, Hamburg 2011
Printed in Germany
Alle Rechte vorbehalten.

Der SEVERUS Verlag übernimmt keine juristische Verantwortung
oder irgendeine Haftung für evtl. fehlerhafte Angaben und deren
Folgen.

Einleitung.

Alljährlich, wenn sich die Ritter vom Orden des heiligen Georg in ihrem Saale in der königlichen Residenz zu München versammeln, prangen die Wände desselben im Schmucke goldschimmernder Teppiche, die ebenso von künstlerischer wie geschichtlicher Bedeutung sind. Den Gegenstand ihrer Darstellungen bildet nämlich die glorreiche Geschichte des tapferen Otto von Wittelsbach, Ahnherrn des bayerischen Herrscherhauses, der, wie auch der eine Teppich zeigt, wegen seiner Treue und Tüchtigkeit im Jahre 1180 zu Altenburg vom Kaiser Friedrich Barbarossa mit dem Herzogtum Bayern belehnt wurde. Der Meister dieser Kompositionen aber ist der für die Entwickelung der Renaissance in München bedeutsame Niederländer Peter Candid, den Herzog Wilhelm V. aus Italien berief, und den sich dann Maximilian I., der grosse Kurfürst von Bayern, zur Ausführung seiner bedeutenden künstlerischen Pläne ausersah.

Erst spät verspüren wir in München das Wehen des Renaissancegeistes. Während derselbe in anderen Städten des deutschen Landes die schönsten Blüten trieb, war in München von einem Kunstleben so gut wie gar keine Rede, und so erscheint dasselbe noch in der Mitte des sechzehnten Jahrhunderts als eine durchaus gotische Stadt. Es fehlte hier in der Residenz an jenem kraftvoll aufstrebenden, ehrgeizigen Bürgertume, dem es darauf angekommen wäre, durch Förderung der Kunst seinem Namen einen höheren Glanz zu verleihen, sondern allein die Stellung, welche der Hof der Kunst gegenüber einnahm, war für das Wohl und Wehe derselben entscheidend. Die Herzöge Albrecht IV. und Wilhelm IV. aber waren viel zu sehr durch politische und religiöse Fragen in Anspruch genommen und standen überhaupt mit ihrem ganzen Sinnen und Denken den künstlerischen Bestrebungen viel zu fern, als dass von ihnen irgend eine Förderung der Kunst zu erwarten gewesen wäre; und so geht die goldene Zeit der Renaissance an München vorüber, ohne Spuren von irgend welcher Bedeutung zurückzulassen. Erst der seinem Vater so unähnliche Albrecht V., der im Jahre 1550 die Herrschaft antrat, hegte für die Kunst ein lebhaftes Interesse und war auf das eifrigste darauf bedacht, sich mit ihrem Glanze, den er an den Fürstenhöfen Italiens kennen und schätzen gelernt hatte, zu umgeben. München zu einem Fürstensitze zu erheben, welchem Männer der Wissenschaft und Kunst ihre besten Kräfte liehen, war sein glühendes Verlangen, und er scheute kein Opfer an Zeit und Geld, um seine hochherzigen Pläne zu verwirklichen.

Zunächst richtete er wie alle Renaissancefürsten sein Augenmerk auf die Anlage einer grossen Altertumssammlung, denn den Antiken sowohl wie den grossen Meistern der italienischen Renaissance, zumal den Cinquecentisten brachte er eine unbegrenzte Verehrung entgegen. So sehen wir ihn mit bedeutenden Antiquaren und gelehrten Männern in Verbindung treten, welche ihm antike Marmorwerke, Bronzen, geschnittene Steine und Münzen, wertvolle Handschriften und Drucke, grosse und kleine Malwerke der italienischen Meister, Goldschmiedearbeiten und andere Kostbarkeiten besorgten. Wurde er dabei auch vielfach betrogen, indem manche erbärmliche Kopie oder Nachahmung als kostbares Originalwerk bezeichnet und gepriesen wurde, so kam doch auch viel des Guten hier zusammen. Wurde doch dadurch der Grund gelegt zu den bedeutenden Sammlungen der Schatzkammer, des Nationalmuseums, der Pinakothek, der Bibliothek und des Münzkabinetts, welche München mit Stolz die seinen nennen darf. — Von den Künstlern hatten sich in erster Linie die Goldschmiede einer ganz besonderen Gunst zu erfreuen, sodass ihre Kunst in kurzer Zeit einen ungeahnten Aufschwung nahm. Ausser München wurde vornehmlich Augsburg mit Aufträgen bedacht. 200000 Gulden flossen den Goldschmieden dieser beiden Städte zu, wovon zwei Drittel auf München kamen. Die in jenen Tagen in München geschaffenen Goldschmiedearbeiten, deren anmutige Formen den Geist der echten deutschen Renaissance atmen, sind deshalb für uns von besonderem Interesse, weil der bedeutendste in jenen Tagen in München wirkende Künstler dem Geschmacke die Richtung gab und viele Entwürfe lieferte. Es war dies der Hofmaler Hans Müelich, dessen Miniaturwerke zu den kostbarsten Schätzen der Münchener Hof- und Staatsbibliothek gehören, während die obere Pfarrkirche zu

Ingolstadt sich im Besitze seines berühmtesten Altarwerkes befindet, an dem vor allem das grossartige reizvoll dekorative Rahmenwerk erfreut.[1]) Wichtig für die Kenntnis desselben ist die in Miniaturmalerei ausgeführte Darstellung des Schmuckes der Herzogin Anna, zu welchem Müelich die Mehrzahl der Entwürfe lieferte. Seine Meisterschaft auf ornamentalem Gebiete bewies er auch durch die anmutigen, eine Fülle der schönsten Motive aufweisenden Entwürfe zu Prachtrüstungen für die Könige von Frankreich, die erst neuerdings wieder aufgefunden und dem Münchener Kupferstichkabinett einverleibt worden sind. Unter den übrigen am Hofe Albrechts thätigen Meistern ragt nur noch Christoph Schwarz hervor, der, von dem Studium der grossen Cinquecentisten ausgehend, die italianisierende Richtung anbahnte, die bald in München zur Alleinherrschaft gelangen sollte. Seine Zeit schätzte ihn besonders hoch und nannte ihn den deutschen Raffael. Im Buche der Malerzunft in München heisst es im Jahre 1576: »Christoph Schwartz ist Pattran über alle Maller zu Ditzlandt.« Leider sind die Fassadenmalereien, welche vornehmlich seinen Ruhm begründeten, der Zeit zum Opfer gefallen. Seine Tafelgemälde verraten Gewandtheit und Geschick, entbehren aber der Frische und Ursprünglichkeit. Das bedeutendste ist das 1588 gemalte Altarbild der Michaeliskirche zu München mit der Darstellung des Engelssturzes. Wir werden diesem Meister in unseren späteren Betrachtungen noch mehrfach begegnen.

Die Erwerbung der erwähnten Sammlungen, der Ankauf der kostbaren Goldschmiedearbeiten und die Besoldung der am Hofe thätigen Künstler, deren Zahl von Jahr zu Jahr wuchs, und von denen noch die Maler

Hans Ostendorfer und Melchior Bocksberger genannt werden mögen, verschlangen so ungeheure Geldsummen, dass die geplanten künstlerischen Unternehmungen vielfach unausgeführt bleiben mussten. Vor allem hatte darunter die Bauthätigkeit zu leiden.

So musste sich Albrecht bei der Erweiterung und Verschönerung der alten Feste,[2]) die er in eine würdige Residenz umzuwandeln gedachte, in sehr bescheidenen Grenzen halten. Das zur Unterbringung seiner Sammlungen so nötige Antiquarium und der originelle Renaissancebau der Münze, das charakteristischte von Münchens Bauwerken, kamen zwar zur Ausführung, das grosse Kollegialgebäude und die Kirche, welche er den im Jahre 1542 von ihm nach Bayern berufenen und 1548 zur Schlichtung der religiösen Zwistigkeiten in München eingelassenen Jesuiten zu erbauen versprochen hatte, und ein Denkmal für Ludwig den Bayern überliess er dagegen seinen Nachfolgern, von denen sein Sohn, der fromme Herzog Wilhelm V., die Ausführung des Jesuitenkollegiums mit Kirche übernahm und kurz nach seinem im Jahre 1579 erfolgten Regierungsantritte in der grossartigsten Weise ins Werk setzte, obgleich die finanzielle Notlage des Staates die äusserste Sparsamkeit verlangte. Gern war Wilhelm den Forderungen der Stände nachgekommen, »allerlei verderbliche Käufe seltsamer oder unnützer Dinge« einzustellen, denn er war kein Sammler wie sein Vater, aber von ihren Klagen, dass sich »noch so grosser Überfluss besonders in geistlichen Sachen, und Gebäuden« zeige, und dass er »gegen fremde Leute die milde Hand zu weit aufthue«, wollte er nichts wissen; denn er ehrte die Jesuiten als die Retter der katholischen Kirche und war ihnen überhaupt von ganzem Herzen zugethan. Aber da die ungeheuren Summen, welche er für dieselben verschwendete, die Klagen von Jahr zu Jahr vermehrten, und da sein Sinn sich immer mehr von allem Irdischen abwandte, und dem religiösen Leben zuneigte, so entsagte er im Jahre 1597 der Regierung und überliess dieselbe seinem kraftvollen und energischen Sohne Maximilian, der mit eiserner Hand das Steuer der Regierung ergriff und in kurzer Zeit das ins Schwanken geratene Staatsschiff wieder in das rechte Fahrwasser lenkte. Auch Maximilian beseelte ein frommer Glaube, auch ihm war der Sieg und die Erhaltung der katholischen Kirche gleich seinem Vater Herzenssache, aber er hatte von dem Wesen des Staates einen viel zu hohen Begriff, als dass er diesen einer Religionsgenossenschaft zu Liebe geopfert hätte. Er schätzte die Jesuiten sehr, liess aber ihre Ratschläge nicht unbedingt gelten und begünstigte später die einfacheren und anspruchsloseren Kapuziner, da jene dem Volke wohl Furcht vor Übertretung religiöser Satzungen, aber keine Liebe zur Religion einzupflanzen vermochten. — Wenn die Nachwelt ihm auch den Namen des Katholischen beilegte, so kann man doch nicht behaupten, dass er, wie Wilhelm V., einseitig kirchliche Zwecke verfolgt habe, sondern als oberste Aufgabe erschien ihm ein starkes und mächtiges Bayern. Dazu schien ihm freilich eine strenge Ausprägung des katholischen Wesens und die energische Unterdrückung jeder reformatorischen Bestrebung unbedingtes Erfordernis zu sein. Nicht nur um äussere Machtstellung seines Landes war es ihm zu thun, sondern auch in geistiger Hinsicht suchte er, es zu heben, und trug Sorge, dass Wissenschaft und Kunst die sorgsamste Pflege fanden. Wie sehr er die deutsche Kunst zu schätzen wusste, beweist der Eifer, mit dem er die Erwerbung der Dürerschen Gemälde durchsetzte, des Hellerschen Altares aus Frankfurt a. M., des Paumgärtnerschen Altares und der vier Apostel aus Nürnberg, von denen das erste bedauerlicherweise bei dem Brande der Residenz im Jahre 1674 zu grunde gegangen ist. Es ist bezeichnend für seinen Charakter, dass er aus Dankbarkeit dafür, dass die Nürnberger ihm die vier Apostel überlassen hatten, dem Oberst Blarer, der dem Tilly sieben bayerische Fähnlein zuzuführen hatte, befahl, das Gebiet der Stadt Nürnberg nirgends zu berühren und ihre Unterthanen allenthalben zu verschonen.³) In die Regierungszeit dieses kunstsinnigen Fürsten fällt die Hauptwirksamkeit unseres Meisters.

Schon unter der Regierung Albrecht V. konnten wir auf dem Gebiete der Kunst zwei verschiedene Richtungen wahrnehmen, von denen die eine, als deren wichtigster Vertreter Hans Müelich erschien, die Traditionen der heimischen Kunst festhielt und weiter zu entwickeln suchte, während die andere, die vornehmlich durch Christoph Schwarz vertreten wurde, der Weise der Italiener nachzuahmen strebte. Willig und gern leistete man Verzicht auf nationale und individuelle Eigentümlichkeiten, um nur ganz in der Weise der italienischen Kunst zu schaffen, die man für die absolute hielt, neben welcher keine andere irgend welche Geltung und Bedeutung hätte. Mehr noch als die Deutschen wurden die Niederländer von diesem Wahn ergriffen, wie wenn es möglich wäre, sich mit Verleugnung seines Naturells zu grossen und bedeutenden Leistungen emporzuschwingen. So erscheinen fast alle niederländischen Meister in der zweiten Hälfte des sechzehnten Jahrhunderts als Nachahmer Italiens, von dem Wunsche beseelt, durch solche unbedingte Hingebung jene Höhe zu erreichen, welche Raffael, Michelangelo und die grossen Venezianer innegehabt hatten. Der sehr bezeichnende Name der Manieristen, den man ihnen gab, kennzeichnet den Erfolg ihres Strebens. Sie kamen über Äusserlichkeiten nicht hinaus, erlernten zwar die Manier ihrer bewunderten Vorbilder, vermochten aber nicht in das Wesen derselben einzudringen und blieben daher weit hinter denselben zurück. Erst den Meistern Rubens, Hals und Rembrandt und ihren Genossen gelang es, indem sie im Vertrauen auf ihr natürliches Empfinden wieder den nationalen Ton anschlugen, die Künste auf eine neue Höhe zu führen.

Jene italianisierende Richtung erfreute sich in München eines besonderen Rufes und wurde von den sich mehr und mehr ausbreitenden Jesuiten wesentlich gefördert. War doch die Verleugnung des natürlichen Empfindens die Lebensluft dieses Kreises. Schon unter der Regierung Albrecht V. können wir es gewahren, wie die heimische Kunstweise von jener Italiens verdrängt wird. Bezeichnend für den Wandel des Geschmackes ist unter anderem die Erbauung des Schlosses zu Landshut, das von deutschen Meistern begonnen und von Italienern vollendet wurde. Ebenso wurde bei der malerischen Ausschmückung der Trausnitz, bei der wir neben Christoph Schwarz in erster Linie den italianisierenden Niederländer Friedrich Sustris thätig finden, die italienische Weise angestimmt. So erlangte unter anderem hier die italienische Groteske Bürgerrecht.

Bei der Vorliebe für diese Richtung ist es auffallend, dass Herzog Wilhelm V. einem deutschen Meister, dem Baumeister Wendel Dietrich von Augsburg, die Ausführung der St. Michaelskirche übergab. Derselbe nahm zwar auf Weisung der Jesuiten für die Grundrissanlage, wie für verschiedene Einzelheiten die Kirche St. Gesù in Rom zum Vorbild, verleugnete jedoch nicht durchweg die deutsche Eigenart, die vielmehr in der Fassade mehrfach deutlich anklingt.

Im allgemeinen treten unter der Regierung Wilhelms die Namen der deutschen Meister gegen die der Paduano, Vivani, Ponzony, Pellagio u. a. m. zurück, und durchdringt der Geist Italiens das gesamte Kunstschaffen.

Von Herzog Wilhelm wurde auch unser Meister an den Münchener Hof berufen und gleich mit einer Reihe wichtiger Arbeiten betraut, bei denen er sich so wohl bewährte, dass ihm in der Folge die hervorragendsten Aufgaben zufielen und er sich bald zu einer prädominierenden Stellung aufschwang. Baumeister, Bildhauer, Maler, Stuckateure, Teppichwirker u. a. standen unter seiner Leitung und schufen nach seinen Entwürfen, sodass er schliesslich dem gesamten Kunstschaffen Münchens das Gepräge verlieh.

I

Äussere Lebensverhältnisse.

DIE ganze Jugendgeschichte Peter Candids ist in ein undurchdringliches Dunkel gehüllt. Wir wissen nur aus einer Angabe seines Landsmannes Carel van Mander, dass er um das Jahr 1548 geboren ist und mit seinen Eltern von Brügge nach Florenz wanderte. Sein eigentlicher Name war Peter de Witte; später italianisierte er denselben in Pietro Candido. In dieser Form pflegte er sich zu unterschreiben, sie ist daher als die korrekteste zu bezeichnen; die Tradition aber bewahrte seinen Namen in der Mischform Peter Candid und so möge sie auch ferner ihre Geltung behalten. Entfaltete er doch seine Hauptthätigkeit auf deutschem Boden. Was sein Vater war, wissen wir nicht, bekannt ist nur, dass er Elias hiess. Den bärtigen Kopf dieses Mannes finden wir auf einem Studienblatte, das unter anderem zwei Köpfe aufweist mit den Beischriften A° 1600 mio Prē und 1601 mio Prē monaco. Daraus geht hervor, dass sein Vater

ihm nach München gefolgt war und daselbst ein hohes
Alter erreichte. Mehr ist nicht über ihn bekannt.[4])
Ebenso, wissen wir von seinem Bruder nur so viel, dass
er Soldat in der Leibgarde des Herzogs von Toskana
war und Landschaften malte, welche sich in Florenz
einer besonderen Beliebtheit erfreuten.

Von Candid selbst hören wir zum ersten Male im
Jahre 1572, in dem er dem Vasari in Rom und Florenz
bei verschiedenen Arbeiten, derer wir später gedenken
werden, behilflich war. Ob er vorher in der Lehre des
Vasari stand, ist völlig unbekannt; überhaupt wissen wir
gar nicht, wann er nach Florenz gekommen ist. Auch
aus seinen Werken vermögen wir nicht zu ersehen,
welchem Meister er sich vornehmlich angeschlossen hat.
An Vasari werden wir wenig erinnert, mehr noch an
Bronzino, zuweilen an Andrea del Sarto, und in den
plastischen Arbeiten, zu denen er die Entwürfe lieferte,
gewahren wir den Einfluss des Giovanni da Bologna.
Als Eklektiker versuchte er es gar nicht, in die Weise
eines Mannes einzudringen und sich von da aus weiter
zu entwickeln, sondern nahm das Schöne, wo er es fand
und verband die Fülle des einzelnen nach seiner Weise
zu einem neuen Ganzen. — Leider sind die Nachrichten
über seine Thätigkeit in Florenz nur äusserst spärlich,
sodass wir uns von derselben keine rechte Vorstellung
zu machen vermögen. Wir wissen zwar, dass er Be-
ziehungen hatte zu dem kunstliebenden Grossherzog
Francesco von Toskana, dem Gemahl der schönen Bianca
Capella, und diesem ausser anderen Arbeiten eine Reihe
von Kartons zu Gobelins lieferte, sind aber über diese
Arbeiten sonst in keiner Weise unterrichtet. Aus der
Unterschrift eines im Jahre 1620 ausgeführten Gemäldes,

in der er sich als »academicus florentinus« bezeichnet, geht hervor, dass er in Florenz Mitglied der Akademie war. Im Jahre 1586 verlässt er Italien und tritt in den Dienst Wilhelm V. von Bayern. »Petern Candido malern pro zörung von Florentz heraus laut zetl fl. 44 kr. 30« so lautet ein Eintrag in den Hofzahlamtsrechnungen jenes Jahres. Die im Verhältnis zu den Besoldungen der übrigen Künstler ziemlich ansehnliche Summe von 360 fl., die ihm als Jahresgehalt gewährt wurde, und zu der noch 24 fl. Hauszins kamen, beweist, dass ihm ein bedeutender Ruf vorausgegangen war. Der Baumeister Wendel Dietrich erhielt nur 300 fl., und selbst der als Baumeister und Maler vielbeschäftigte Friedrich Sustris hatte bis zum Jahre 1589 nur 200 fl., um dann freilich mit der doppelten und in seinen letzten Lebensjahren mit der dreifachen Summe bedacht zu werden. Der zu gleicher Zeit mit Candid aus Italien berufene Antonio Maria Viviani empfing nur 180 fl. Jahresgehalt. Die im Jahre 1589 nach zeitweiliger Entlassung eintretende plötzliche Herabminderung des Candidschen Jahresgehaltes auf 150 fl. könnte leicht zu der Vermutung Anlass geben, dass derselbe den Erwartungen nicht entsprochen hätte, wüssten wir nicht, wie traurig die Geldverhältnisse waren, wie sehr die Stände auf Einschränkung drängten, und wenn nicht verschiedene Zahlungen aus der Privatkasse des Herzogs dagegen sprechen würden.

Auch wird seiner, als sich die Geldverhältnisse einigermassen gebessert hatten, wieder in ehrenvollster Weise gedacht. In einer Liste aus dem Jahre 1594, in welcher eine ganze Reihe von Künstlern mit dem für sie angesetzten Jahresgehalte genannt werden, und in welcher z. B. die Bildgiesser Hubert Gerhard und Johannes

Krumper mit 100 fl. und 200 fl., der Maler Hans Werl mit 250 fl. fungieren, finden wir unseren Meister mit 500 fl. verzeichnet.

Der in demselben Jahre erfolgte Regierungswechsel machte freilich diese ganze Aufstellung illusorisch, denn Maximilian, dem zunächst die Tilgung der ungeheuren Schulden am Herzen lag, liess, wie das hinter den Beträgen stehende »zalt nihil« anzeigt, die Summen nicht zur Auszahlung kommen. Für das Jahr 1594 und für das erste Quartal des folgenden Jahres erhielt Candid zwar noch aus der Privatkasse Maximilians die Summe von 500 fl., dann aber wurde er mit den meisten anderen Künstlern entlassen. Selbst die Streichung so bedeutender Posten, wie die für Candid und andere Künstler ausgesetzten Summen, stellten die Stände nicht zufrieden, welche sich noch im Jahre 1597 darüber beklagten, dass zu viele Künstler zu hoch besoldet würden, und unter anderen den greisen Friedrich Sustris nennen, der 1599 starb.

Die Thatsache, dass Candid zu Ende des sechzehnten Jahrhunderts in München ein Haus besass und im Jahre 1598 einen seiner Mieter verklagte, beweist, dass er trotz seiner Entlassung München nicht verlassen hat, und es ist in hohem Grade wahrscheinlich, dass er sogar in Privatdiensten der Herzöge Wilhelm und Maximilian gestanden hat. Nachweisbar ist eine Beziehung zu dem letzteren aus dem Jahre 1601, in welchem er von Maximilian nach dem Kloster Scheyern geschickt wurde, um Aufnahmen von Epithaphien bayerischer Herzöge zu machen. In dem Empfehlungsbrief an den Abt des Klosters spricht Maximilian von »unserm maler vnd lieben getreuen Petro Candido« und bittet, man möge diesem nicht nur die nötigen Anweisungen geben, »sondern auch sonnsten von vnsertwegen die zeit, wo er im closter bleiben vnd mit solchen abreissen zuebringen würdet allen gueten willen erzaigen.«

Mittlerweile hatten sich dank der Energie und Umsicht des jungen Fürsten die pekuniären Verhältnisse in München so sehr verbessert, dass Candid es im Jahre 1602 wagen konnte, ein Gesuch um Wiederanstellung einzureichen. Dieses in italienischer Sprache abgefasste an Maximilian gerichtete Schreiben hat sich erhalten und befindet sich, wie überhaupt die Mehrzahl der sich auf Candid beziehenden Archivalien, im kgl. Kreisarchive von Oberbayern in München. Er bittet nicht umsonst, sondern wird vielmehr ohne weiteres mit der ihm 1594 gewährten Summe von 500 fl. angestellt. Mit dieser Summe, die ihm im Jahre 1611 »sein leibslebenlang, er khöne arbeiten oder nit« zugesichert wurde, hatte es aber nicht sein Bewenden, vielmehr erhielt er in demselben Jahre Pensionsberechtigung und die bedeutende Schenkung von 1000 fl., der sich noch eine Reihe weiterer z. T. sehr beträchtlichen Schenkungen anreiht. Überhaupt zeigte sich Maximilian gegen ihn stets äusserst freigebig und liess keine seiner Klagen ungehört. An solchen fehlte es merkwürdigerweise trotz der guten Besoldung und den glänzenden Schenkungen nicht, und der Ton, in dem sie geschrieben sind, lässt mehr an einen in den armseligsten Verhältnissen lebenden Mann, als an einen angesehenen, vielbeschäftigten Künstler denken. So bittet er einmal »seinem armen weib vnd khündern« zur Jahreswende ein Geschenk zu machen, und in einem längeren Bittgesuche aus dem Jahre 1610 lesen wir unter anderem: »so hab ich doch habender khünder vnd der schweren leuff halb nit allein nichts rucklegen oder ersparen khönnen, sondern erwartte laider nichts gewiszeres als wenn heunt oder morgen Gott oben mich genediglich gebietten soll, in massen ich mich dann alters vnnd anderer zustand wegen ziemblich an leibs khrefften auszgeschöpft vnd baufellig befünde, das als dann meine liebe haus frln vnd 5 theils noch claine unerzogene khündlein sich ohne E. D h St. vereren gnad vnd hilff gar nit erhalten oder hinbringen mögen.«

Ob sich Candid in Italien oder erst in München verehelicht hat, ist nicht bekannt; der im Grundbuche der Stadt München aufbewahrte Name seiner Frau, Emilia, macht das erstere wahrscheinlich. Da in dem angeführten Briefe vom Jahre 1610 die Kinder als zum Teil sehr jugendlich geschildert werden, so stellen vielleicht die Kinderfigürchen auf den beiden aus den Jahren 1600 und 1602 stammenden Blättern I, 55 und 58 der Halmschen Sammlung mit den Beischriften añele, wilem; wihelm monaco, Kinder unseres Meisters dar. Dass sein Sohn Wilhelm hiess, ist bekannt. Derselbe wurde im Jahre 1613, in dem er etwa 14 Jahre alt sein mochte, als Malergeselle mit 120 fl. angestellt, um dann später zur weiteren Ausbildung nach Italien geschickt zu werden. Von hier kehrte er im Jahre 1618 zurück, fand gleich wieder Anstellung als Maler, hing aber 1625 die Malerei an den Nagel und wurde Silberdiener, als welcher er im Jahre 1652 starb. Von einer Tochter Anna hören wir freilich nichts, aber wir kennen überhaupt von den fünf Kindern dem Namen nach nur drei, nämlich ausser dem Sohne Wilhelm die beiden Töchter Regina und Maria Maximiliana, welche sich im Jahre 1624 verehelichten, erstere mit dem Kupferstecher Philipp Sadeler, letztere als Witwe mit dem Regimentskanzlisten Johann Bauer in Straubing. Das fünfte Kind ist vielleicht die im Jahre 1608 in dem Taufbuche der St. Petripfarrkirche als Patin genannte Emerana Candita.

In der Einladung, welche Candid zur Hochzeit seiner Tochter Maria Maximiliana an den Kurfürsten sandte, heisst es am Schlusse: »Dasz will vmb derrselben ich mit meinem armen gebett (zumale ichs dieser zeit S. Chur frl. DH.g ich wissen nach anderst nit thun khan) vnderthenigist verdiennen«. Daraus ersehen wir, dass der 76 jährige Künstler hinfällig und arbeitsunfähig war, und wir glauben, dass er überhaupt nicht wieder recht zu Kräften gekommen ist. Im Dezember 1627 lesen wir nämlich, dass er bei einer Ewigkeitsgelderhebung »wegen seiner schwachheit der verbitt des briefs nitt beywohnen« konnte, und wenige Monate später ist von seinem Tode die Rede. Das genaue Datum seines Todes erfahren wir nicht, das Münchener Ratsprotokoll berichtet aber unterm 29. März des Jahres 1628 von der Testamentsvollstreckung.

So gross auch die Zahl der Maler war, welche direkt unter seiner Leitung und in seinem Sinne arbeiteten, so kann man doch nicht sagen, dass er Schule gemacht hat. Ulrich Loth, der nachher neben Niklas Prugger als der tüchtigste Maler Münchens erscheint, hatte zwar die Schule Candids genossen, lehnte sich aber später an Carlo Saraceni an und befleissigte sich eines kräftigen Naturalismus und eines leuchtenden Kolorits. Unter den vielen Handzeichnungen der Halmschen Sammlung, die zum grossen Teile dem Beginne und der Mitte des siebenzehnten Jahrhunderts angehören, kann eigentlich nur eine, die Bezeichnung Hain 1624 tragende Madonna mit dem Kinde (II, 49) als ein Werk der Candidschen Schule gelten, während die übrigen in keiner Weise den Geist und die Auffassungsweise des Meisters zeigen. In den Rechnungen ist noch von einem, im übrigen unbekannten Maler Wilhelm Frannkhe die Rede »deme vnnser giste Frau beim Petern Candido lehren laszen«, Episodisches aus dem Leben unseres Künstlers erfahren wir nicht, auch hören wir nichts von dem Kreise, in dem er zu verkehren pflegte, und kein zeitgenössisches Urteil über ihn ist uns bewahrt. Da sich leider auch kein Bildnis von ihm erhalten hat, so wird uns seine Persönlichkeit nicht recht nahe gebracht; Rechnungsnotizen, Bittgesuche, Grundbucheinträge und dgl. mehr sind dazu nur wenig geeignet. Um so deutlicher sprechen seine Werke für ihn und preisen ihn als den strebsamen, unermüdlichen Künstler, der sich den schwierigen an ihn gestellten Aufgaben stets gewachsen zeigte, und der trotz den bedeutenden Anforderungen nicht erlahmte, bis die Schwäche des Alters ihn zwang, Stift und Pinsel aus der Hand zu legen.

Fig. 1. Figuren von der Decke der Grottenhalle.

II
Wandmalereien und dekorative Tafelgemälde.

»IJ heeft veel dinghen voor Cavalier Giorgio Vasari gedaen, te Room in des Paus Paleys en sale: Ook te Florencen in de Cupola en elder«, so lesen wir in der van Manderschen Candidbiographie, und in dessen Schilderung von Vasaris Leben heisst es, dass neben anderen Künstlern Peter Candid dem Vasari bei der Ausmalung der Sala Regia im Vatikan geholfen habe. Das ist das erste, was wir über die künstlerische Thätigkeit unseres Meisters erfahren, ohnedass wir jedoch in der Lage wären, den Anteil, welchen derselbe bei diesen Arbeiten hatte, im einzelnen nachzuweisen. Die Arbeiten in jenem mit historischen Fresken geschmückten Saale fallen in den Beginn des Jahres 1572, während mit der Bemalung der Florentiner Domkuppel im August jenes Jahres begonnen wurde. »Dopo di avere udita la Santa Messa« so lautet ein Bericht »sali (Vasari) la prima volta sul ponte la mattina dell' 13 Agosto 1572 in compagnia di Pietro Witte per dargli incominciamento«. Die Arbeiten an der Domkuppel zogen sich noch lange hin und wurden erst nach dem Tode Vasaris 1579 von Federigo Zuccaro abgeschlossen. — Von dem die Verehrung der Madonna durch die Heiligen Nikolaus und Franziskus darstellenden Freskogemälde in der Kirche S. Niccolò zu Florenz, dessen im Jahre 1677 Giovanni Cinelli in seiner Beschreibung von Florenz Erwähnung thut, hat sich keine Spur erhalten, aber möglicherweise sind die knieende Gestalt und der Kopf eines heiligen Franziskus in der Halmschen Sammlung (I, 54) Studien zu diesem Bilde; denn aus der Beischrift »firenze« geht hervor, dass dieses Blatt aus der Florentiner Periode des Künstlers stammt.

Gleich nach seiner Ankunft in München fand Candid Gelegenheit, sein Geschick auf dem Gebiete der dekorativen Malerei glänzend zu bethätigen, denn es wurde gerade die Ausschmückung des anmutigen und lauschigen Grottenhöfchens der Residenz ins Werk gesetzt. Glücklicherweise sind wir zur Feststellung des Anteils, den Candid bei der Ausmalung hatte, nicht nur auf unser Stilgefühl angewiesen, sondern vielmehr in der Lage, einzelne Darstellungen urkundlich als seine Schöpfungen nachzuweisen. Es hat sich nämlich das Notizbuch eines gewissen Wolff Pronner erhalten, der dazu angestellt war, den am Hofe thätigen Künstlern das nötige Material zu verabreichen, und der nun auf das sorgfältigste nicht nur jede einzelne Farbe nach Quantität und Qualität mit genauer Angabe der Zeit der Verabfolgung an den und den Meister eingetragen hat, sondern auch in jedem einzelnen Falle dabei bemerkte, für welches Bild die betreffende Farbe bestimmt war. Aus diesen Einträgen ergiebt sich zunächst, dass die Ausmalung der Grottenhalle und einer gegenüber liegenden wahrscheinlich bei dem Residenzbrande im Jahre 1729 zu grunde gegangenen Halle im wesentlichen in den Jahren 1587 und 1588 stattfand und ferner, dass von den acht Lünettenbildern der Grottenhalle, von denen nur noch sechs erhalten sind, da die beiden mittleren durch die später angelegte Grotte verdeckt wurden, zwei von Candid herrühren: das eine grosse Schildwandbild mit der Darstellung der mit ihren Frauen webenden Arachne und die durch Anmut der Bewegung sich auszeichnende schöne Gestalt der Juno, die dem Pfau die Augen des erschlagenen Argus einsetzt. Die übrigen Darstellungen, zu denen gleichfalls die Metamorphosen des Ovid den Stoff hergaben, malten hier und in der anderen Halle Alexander Paduano und Antonio Maria Viviani. Verschiedene Einzelheiten scheinen jedoch von Candid ausgeführt zu sein, dem wir auch die frischen Putten über den Arkadenbögen und die Grotesken mit den würdevoll schreitenden und anmutig tanzenden Frauengestalten (Fig. 1) zuweisen möchten. Dagegen gehen die Darstellungen an den Decken auf Friedrich Sustris zurück. Einen Beleg dafür, dass sich Candid in jenen Tagen mit Groteskenstudien befasste, bietet der flott skizzierte Entwurf zu einem Deckengemälde vom Jahre 1587 (Halm I, 63), während die Zeichnung zu dem schiessenden Jäger unter dem Musenbilde, die sich unter vierzehn Gasparischen Aquarellen nach jenen Fresken der Grottenhalle in der Halmschen Sammlung befindet (XIV, 32 — 36), den Beweis liefert, dass auch die am unteren Teil der Wände angebrachten Vogeljagddarstellungen, die übrigens in Einzelheiten an die Candidschen Monatsteppiche erinnern, von Candid herrühren. Aus Rechnungsnotizen wissen wir, dass derselbe in jenen Tagen noch bei der malerischen Ausschmückung verschiedener heut nicht mehr vorhandener Kapellen in der Residenz thätig gewesen ist. Auch an dem mit einer Ecke in die Grottenhalle hinragenden Aquarium, das schon unter Albrecht V. erbaut und z. T. ausgeschmückt war, wurde in jener Zeit gemalt, doch ist von einer Anteilnahme Candids keine Rede. In den um 1600 von Viviani ausgeführten Deckengemälden dieser Halle stossen wir jedoch mehrfach auf seine Spuren, so vor allem in der schönen Darstellung der Mässigkeit. Wie in der prächtigen Junogestalt des Grottenhöfchens, so kommt auch hier die künstlerische Eigenart des Candid klar und deutlich zur Erscheinung, seine ausgesprochene Begabung für die richtige harmonische Verteilung der Massen, sein Streben nach einer durch Haltung und Bewegung der Glieder hervorgerufenen wohlthuenden Kontrastwirkung, sowie sein Geschick für eine dekorative Anordnung der Gewänder. Auch der flüssige Linienzug und die schöne Silhouettierung, welche diesen Gestalten eigen sind, sind für ihn bezeichnend. Nur die Farbe kommt bei ihm nicht zu ihrem Rechte. Gerne spürten wir etwas von dem kräftigen Feuer Tizians und der sinnlichen Glut Correggios, umsomehr als die Candidschen Gestalten eine derartige kräftige und satte Behandlung wohl vertragen würden. Aber es entsprach dies nicht der Eigenart des Künstlers, dem für den poetischen Zauber der farbigen Wirkung der rechte Sinn fehlte, und der daher einen kühleren Ton vorzog. — Vor denen, welche allein das Kolorit als massgebend für die Wertschätzung eines Malers gelten lassen, wird Candid kaum bestehen können, da seine Vorzüge auf einem ganz anderen Gebiete liegen. Im grunde ist er Plastiker, und der plastische Charakter seiner Kompositionen und Gestalten macht diese interessant und bemerkenswert. Warum er bei dieser Anlage die Malerei als eigentlichen Lebensberuf wählte und sich nur damit begnügte, den Plastikern Entwürfe zu liefern, lässt sich natürlich bei dem gänzlichen Mangel an Nachrichten über seine Jugendentwickelung nicht beantworten.

Seit dem Regierungsantritte Maximilians war die schon von Albrecht geplante und von Wilhelm begonnene grosse Erweiterung der alten Feste betrieben worden, und 1617 stand der glänzende Residenzbau, der sich um den Grotten- und Brunnenhof legte und von da nach Norden hinzog, fertig da. Fast sämtliche auf diese Weise neugeschaffenen Räume wurden von Candid und seinen Gesellen mit Gemälden geschmückt, doch haben verschiedene eine andere Ausstattung erhalten, während andere vollständig umgebaut oder durch Feuer zerstört worden sind. So hatte der zu Beginn dieses Jahrhunderts in klassizistischer Weise ausgestattete Herkulessaal an der Südostecke des Kaiserhofes »inn der höhe herumb etliche bayrische historia« wie der bekannte Ausgsburger Kunstkenner Hainhofer berichtet, der im Jahre 1611 die Münchener Residenz besichtigte und ausführlich beschrieb. Zahl und Inhalt dieser geschichtlichen Kompositionen kennen wir aus dem Berichte des Ranuccio Pallavicino, der im Jahre 1667 unter dem Titel: »I Trionfi dell' Architettura« eine ausführliche Beschreibung des Residenzbaues herausgab. Da sich die

Gemälde nicht erhalten haben, so müssten wir dem Berichte Rittershausens glauben, der einen im Jahre 1580 in München gebornen Maler Fischer als den Schöpfer derselben nennt, wenn sich nicht zu vier von jenen zehn Darstellungen die Handzeichnungen im Münchener Kupferstichkabinett erhalten hätten, welche unzweifelhaft auf Candid weisen. Damit wären jene historischen Darstellungen gefunden, welche, wie Haeutle in seiner Geschichte der Residenz bemerkt, von Candid gemalt seien, von denen wir aber nicht einmal den Namen wüssten. Die eine dieser Handzeichnungen mit der Darstellung der Schlacht bei Ampfing im Jahre 1322 kam im Jahre 1804 mit einer Reihe anderer aus Mannheim in das Münchener Handzeichnungskabinett, die anderen drei mit der Kreuzfahrt Herzog Ludwig des Bayern im Jahre 1222, dem Siege Wilhelm des Bayern über die rebellischen Friesen im Jahre 1396 und dem Siege Herzog Ludwig des Bayern bei Giengen im Jahre 1462 sind Blätter der Halmschen Sammlung (I, 74—76).

Über die an der Nordostseite des Brunnenhofes zu ebener Erde gelegenen »9 gewölbte stantias von vnderschidlichen Figuren von Pietro Candido gemahlet«, die heute in einfache Beamtenwohnungen umgewandelt sind, wird nichts Näheres berichtet, dagegen von den sieben darüber liegenden Räumen, die heute gleichfalls ihres ursprünglichen Charakters entkleidet sind. In denselben stellte Candid den Vogelfang, die Jagd, die Fischerei, den Öl- und Weinbau und die Ernte in einzelnen Gemälden dar, wobei ihm, wie die Rechnungen erweisen, unter anderen ein auch sonst unter seiner Leitung vielbeschäftigter Maler, Hans Brüderl, half. Die ersten drei Gemälde, die sich durch flotte Zeichnung und treffliche

Charakteristik der Gestalten auszeichnen, haben sich erhalten, und werden heute in der Galerie von Schleissheim aufbewahrt. Wann alle diese Arbeiten entstanden sind, lässt sich nicht genau bestimmen, wahrscheinlich fallen sie in das erste Dezennium des siebenzehnten Jahrhunderts, in dem auch der noch unter Maximilians Regierung völlig umgestaltete südliche Hofgarten, den Kurfürst Max Emanuel mit dem noch heute daselbst befindlichen Neptunsbrunnen schmückte, seine Ausstattung empfangen hatte. Auch hierbei war Candid als Maler thätig, indem er sowohl die Dekorationen an der Decke der kleinen offenen Halle als auch die Malereien an der Kuppel des Pavillons schuf, von denen die letzteren die neun Musen mit musikalischen Instrumenten darstellten. Von alle dem hat sich nichts erhalten.

Mitten in diese Arbeiten hinein fällt die Ausführung eines Werkes, welches das ganze dekorative Geschick unseres Künstlers herausforderte, der Bennobogen in der Frauenkirche Münchens, den Maximilian im Jahre 1604 aufführen liess, um der Kirche den seinem Sinne widerstrebenden gotischen Charakter zu nehmen. Als man im Jahre 1859 durch eine gründliche Restauration ihr das ursprüngliche Aussehen wiederzugeben suchte, musste vor allem dieser Bogen fallen, und so kennen wir denselben nur aus einzelnen Abbildungen und Schilderungen. Einzelne Teile der dekorativen Malereien bewahrt das Bayerische Nationalmuseum. Der in den Formen der italienischen Hochrenaissance ausgeführte Bogen war zwischen die vier dem Chore zunächst stehenden Mittelpfeiler eingespannt und ruhte auf vier kräftigen Pfeilern, sodass das Ganze einen triumphbogenartigen Durchgang bildete. Die Wölbung war leicht aus Stuck hergestellt, und Stuckornamente wechselten mit plastischer Zier, die Malereien waren teils al fresco, teils, wie die erhaltenen Stücke zeigen, in Öl auf Holztafeln ausgeführt und zeichneten sich aus durch den dekorativen Reiz und die flotte Behandlung. Den Guss der Bronzen besorgte der Weilheimer Johannes Krumper, der ausserdem noch viele Werke nach Candids Entwürfen ausführte. Leider ist in dem Dekrete Maximilians vom 16. Juli 1603, in dem es heisst, dass man »auf vleissigen ersehens der zwaier visir noch etliche bauverständige sonderlich aber den Hansen Worl vnd Hansen von Weilheimb (Krumper) hin zue ziehen solle, die darüber berethschlagen, wie vnd welcher gestalt das ganze errichtet werden solle«, nicht gesagt, von wem jene beiden Visierungen herrühren, aber es geht doch soviel daraus hervor, dass sie nicht von einem Bautechniker, sondern vielmehr von einem auf dem bautechnischen Felde weniger erfahrenen Künstler, also etwa einem Maler, stammten, da man es sonst wohl nicht für nötig gehalten hätte, Bauverständige herbeizuziehen. Da nun Candid die malerische Ausschmückung des Werkes besorgte, und in jener Zeit von keinem anderen bedeutenden Maler in den Listen die Rede ist, so glauben wir allen Grund zu der Annahme zu haben, dass nicht nur die malerische Ausschmückung, sondern überhaupt der ganze Entwurf des Bennobogens ein Werk des Candid ist. Bewährte sich aber hier sein architektonischer Sinn, so haben wir auch keine Veranlassung, daran zu zweifeln, dass er auch für den in den Jahren 1607—1617 ausgeführten Bau der Maximilianischen Residenz den künstlerischen Entwurf geliefert habe.

Traditionell gilt Candid fast allgemein als der eigentliche Architekt dieses Baues, und erst in neuerer Zeit hat man auf grund von Rechnungsnotizen andere Meister an seine Stelle gesetzt,[5]) obgleich das urkundliche Material keine weiteren Schlüsse gestattete, als dass diese Männer, nämlich Heinrich Schön und Hans Reiffenstuel bei der Ausführung des Baues thätig waren. Reiffenstuel, über den wir genauer unterrichtet sind,[6]) war überhaupt kein künstlerisch thätiger Architekt, sondern mehr Ingenieur, der wegen seines Geschickes in der Anlage von Salinenwerken sehr gesucht war. Von einer Aufhebung der Tradition auf grund urkundlichen Materiales kann gar keine Rede sein, und da dieselbe im Hinblick auf Italien, wo wir eine ganze Reihe von Malern, darunter Raffael, als Architekten thätig sehen, nichts Unwahrscheinliches an sich hat, so ist überhaupt kein Grund vorhanden, irgendwie an ihrer Richtigkeit zu zweifeln. Nicht nur die Entwürfe rührten von Candid her, sondern auch die oberste Bauleitung lag in seinen Händen und machte ihm keine geringe Sorge. Wäre dem nicht so gewesen, so hätte er doch nicht im Jahre 1613, also zu einer Zeit, als die baulichen Arbeiten in vollem Gange waren, in seinem Bittgesuche an Maximilian hervorheben dürfen, dass er aus des Herzogs »gdisten gescheftt die gantze operas vnd was anders dabei zumahlen vnd zuverrichten gehabt, gleichwol so willigist alsz schuldigist stetts dirigirt, darneben aber einen alsz den andern weg von meiner handt jedes jars manche starckhe arbait vnd solche werckh vollendet vmb welche ein anderer vill mit einem mehreren als wormit man mich besöldet, hätte belohnt werden muessen«. Auch würde er sonst kaum wieder mit 500 fl. bedacht worden sein, nachdem er erst zwei Jahre vorher die bedeutende Summe von 1000 fl. zum Geschenk erhalten hatte. Auf jeden Fall ist es, wenn Reiffenstuel der Baumeister gewesen wäre und »die Thätigkeit des Niederländers Peter Candid (Peter de Wite) eine weit geringere war als gewöhnlich angenommen wird«, wie Seidel meint, ganz unerklärlich, dass jener nur einmal ein grösseres Geldgeschenk erhielt, nämlich im Jahre 1611 die Summe von 300 fl. »in ansehung er nun mehr vil jar lanng gedienung aus g. semel pro semper«, während Candid so reich und glänzend bedacht wurde. Maximilian war eine viel zu praktische Natur, als dass er ein solches Missverhältnis zwischen Leistung und Belohnung geduldet hätte. Ebensowenig wie die auf grund des Urkundenmaterials erhobenen Einwände scheinen uns die gegen die Urheberschaft Candids geäusserten stilistischen Bedenken [7]) irgendwie stichhaltig zu sein und die doch nur sehr allgemeine Ähnlichkeit mit Nürnberger Bauten, von denen gerade das Rathaus direkt in Anlehnung an Italien geschaffen wurde, den Schluss zu rechtfertigen, dass der Architekt ein Deutscher gewesen sein müsse. Vielmehr erscheint uns der Residenzbau als ein echtes Kind des italianisierenden Geistes. Die Nische und die beiden grossen Portale an der Westseite reden laut und vornehmlich die Sprache der italienischen Hochrenaissance. Nicht zu verkennen ist daneben der Einfluss der Wendel Dietrichschen Kunstweise, und sind zumal im Innern manche Einzelheiten auf Studien in der Michaelskirche zurückzuführen. Deutlich zeigen den Charakter des oberitalienischen Paläststiles die Säulenstellungen und Fensterumrahmungen, welche sowohl der Westfront als auch den Fassaden des Kaiserhofes und des nördlich davon gelegenen Kapellenhofes aufgemalt worden sind. Die der Westfront sind heute verwittert und nur aus Stichen bekannt, die andern haben sich dagegen mit Hilfe verschiedener Restaurationen erhalten. Die nach den Candidschen Plänen erbaute Maximilianische Residenz umfasst ausser dem westlichen Flügel mit dem Theatinergange und den Steinzimmern, den Südflügel mit dem erwähnten Herkulessaale, den von hier aus nach Norden führenden Trakt mit den Trierschen Zimmern und den den Kaiserhof im Norden begrenzenden Teil mit dem grossen Treppenhause und den in unserem Jahrhundert in eine Reihe kleiner Säle umgewandelten Prachträumen des Kaiser- und Vierschimmelsaales. Aus den in den Räumen angebrachten Jahreszahlen ersehen wir, dass die Steinzimmer schon im Jahre 1612 ausgeführt waren, während die Vollendung des nördlichen Teiles nicht vor 1617 stattgefunden hat. Bemerkenswert ist, dass das grosse Treppenhaus in seiner Deckenmalerei die Jahreszahl 1616 aufweisst. Wie dieses Treppenhaus, so wurde auch das Tonnengewölbe der kleinen in der Nordwestecke liegenden Treppe und die durch Stichkappen belebte Wölbung des Theatinerganges nach Candids Entwürfen unter Beihilfe verschiedener Maler mit Freskomalereien geschmückt, während in die geraden Holzdecken der Zimmer und Säle, deren Wände, Thüren und Kamine in den edelsten Renaissaneformen und wohlthuendsten Farben aus Stuckmarmor gebildet sind, allegorische Tafelmalereien des Meisters eingelassen sind. Den malerischen Schmuck der beiden Treppenhäuser bildet Groteskenwerk, in welchem sich leicht und zierlich geschlungene von allerlei Tier- und Menschengestalten belebte Ranken mit anmutigem Stabwerk durchdringen, und wo zarte Blütenstiele sich plötzlich in phantastische Ungeheuer wandeln, die dann doch schliesslich in ein holdseliges Frauenköpfchen auslaufen. Dazwischen treten dann in schöner Umrahmung verschiedene kleine Bildchen mit Darstellungen aus dem Fischer-, Jäger- und Marktleben oder mythologischer und allegorischer Szenen. Anmutige Grottesken mit schönen, in Lauben stehenden Frauengestalten bilden auch den Schmuck der flachen Holzdecke in dem 1615 erbauten Pavillon des nördlichen Hofgartens. Zu einem Felde dieser Decke besitzt die Halmsche Sammlung den Candidschen Entwurf (I, 65). Von allen diesen rein dekorativen Malereien haben den grössten Reiz die kleinen Füllungen des nordwestlichen Treppenhauses, die nur durch das viele Weiss der etwas massig und schwer behandelten Stuckaturen in ihrer Wirkung beeinträchtigt werden. Auch im Theatinergange entbehren die Stuckornamente der rechten Leichtigkeit und Frische, wennschon der künstlerische Charakter dem der gemalten Ornamente entspricht. Die Malereien dieses Ganges, sowohl die Fürstenbildnisse als auch die siebenzehn allegorischen Darstellungen weisen in der Behandlung grosse Verschiedenheiten auf und verraten dadurch deutlich die Mithilfe von Gesellenhänden. Zu jenen allegorischen Gestalten haben sich nicht nur die in kleinem Formate ausgeführten Skizzen des Candid (Halm XIV, 90) erhalten, sondern noch eine grössere Zahl von Studien, welche von dem Fleisse und der Sorgsamkeit, mit welcher unser Meister zu Werke ging, das beste Zeugnis ablegen. Noch eine ganze Reihe anderer, teils in Kreide, teils mit der Feder ausgeführter Studien ist uns bewahrt, an denen wir deutlich sein Ringen mit dem Stoffe, dem er die beste Seite abzugewinnen suchte, beobachten können. Ein grosser Teil derselben befindet sich in der Halmschen Sammlung.

In den Steinzimmern, welche bei dem Residenzbrande im Jahre 1674, der auch Dürers Himmelfahrtsbild zerstörte, so sehr gelitten haben, dass sie z. T. neu ausgestattet werden mussten, weist nur das südliche Candidsche Deckenmalereien auf. Die den zehn Füllungen leicht und flott aufgemalten, kostbares Prunkgerät tragenden Putten erinnern unmittelbar an die pausbackigen Engel, (Fig. 2) welche mit allerlei Insignien und Instrumenten in den Händen einst die drei grossen Gemälde an der Decke des grossen Kaisersaales in der Residenz umgaben, nach der Zerstörung derselben aber in das Depot der Schleissheimer Galerie wanderten und jetzt im Germanischen Nationalmuseum in Nürnberg untergebracht sind. Dieselben, 18 an der Zahl, sind ungemein geschickt entworfen und z. T. zart und anmutig ausgeführt, während andere störende Härten aufweisen, sodass auch hier die Thätigkeit verschiedener Gesellenhände deutlich zu erkennen ist. Eine mehr einheitliche und im wesentlichen wohl auch von dem Meister selbst herrührende Durchführung weisen dagegen die erwähnten drei grösseren, wie die kleineren Tafeln auf Holz gemalten Gemälde auf, von denen das mittlere 9,70 m lang ist, während die beiden anderen eine Längsachse von 3,25 m haben. Bis vor kurzem ruhten sie in einem Depotraum der kgl. älteren Pinakothek, um neuerdings an der Decke der Aula des Luitpoldgymnasiums eine geeignete Verwendung zu finden. Der ihnen zu grunde liegende, durch eine Reihe vortrefflich gezeichneter allegorischen Gestalten zum Ausdrucke gebrachte Gedanke ist der, dass der wahrhaft tugendhafte Herrscher nicht nach Ruhm und äusserer Macht zu streben habe, sondern allein darnach trachten müsse, ein Weiser zu sein. Vortrefflich entspricht der jetzigen Verwendung die eine der beiden kleineren Tafeln, auf welcher die Weisheit von zehn durch Attribute gekennzeichneten Vertreterinnen der Wissenschaft umgeben ist, und welche die Unterschrift zeigt: Natura noverca, sapientia mater est; illa nos animantes, ista homines facit. In engem Zusammenhange mit den Malereien des Kaisersaales, an dessen Wänden man in mythologischen und biblischen Szenen, die teils von Vincentino auf Leinwand gemalt, teils nach Candids Entwürfen als Gobelins gewebt waren, eine Reihe von Tugenden dargestellt sah, stehen die Deckengemälde der Trierschen Zimmer, denn sie preisen die Tugenden, welche den Herrscher zieren und weisen auf die Grundfesten eines jeden geordneten Staatswesens hin. Da erblicken wir in Gegenüberstellung das göttliche und das menschliche Recht in Gestalt zweier edlen Frauen, während ringsum die Quellen, Arten und bedeutendsten Vertreter der Rechtswissenschaft erscheinen, oder es wird in einer Reihe allegorischer, historischer und genrehafter Gestalten die Mahnung ausgesprochen, dass der Fürst nicht nur mit Waffen, sondern auch mit Gesetzen ausgerüstet sei, um im Frieden sowohl wie im Kriege die Herrschaft behaupten zu können. In einem anderen Raume ist wiederum dem Gedanken Form verliehen, dass der Entscheidung eine weise Erwägung vorausgehen müsse, während die Malereien eines anderen Saales betonen, wie wichtig es sei, dass der Fürst wohl beraten werde, und dass Ehrlichkeit, Unbefangenheit, Verschwiegenheit und Unwandelbarkeit der Gesinnung die unerlässlichen Eigenschaften seiner Ratgeber seien. — Mehrere Räume dieser Flucht haben später ihr Aussehen verändert. Eine der daselbst befindlichen Malereien, ein Genius des Krieges, der später nach Schleissheim kam, ist nebst anderen heute verschollen, während das ursprünglich hier hängende Bildnis Ludwig des Bayern, das die Beschreibungen fälschlich als Karl den Grossen aufführen, jetzt über der Thür eines der Kaiserzimmer angebracht ist. Die Einheit des Gedankens, welche dem malerischen Schmucke aller Räume zu grunde liegt, und die reiche Mannigfaltigkeit des dabei verwendeten allegorischen Apparates macht es wahrscheinlich, dass Candid nach einem bestimmten, ihm überwiesenen Programme die Kompositionen schuf. Vielleicht hatte Maximilian, dessen »Monita paterna« von ähnlichen Gedanken beseelt sind, dasselbe in grossen Zügen entworfen und einer der gelehrten Jesuitenpatres die Ausführung im einzelnen besorgt. — Dass man sich bei derartigen Aufgaben gern bei den Jesuiten Rats erholte, zeigt uns die Ausschmückung des goldenen Saales im Rathause zu Augsburg. Um dieselbe recht sinnreich zu gestalten, wandten sich nämlich im Jahre 1619 die Ratsherrn der Stadt an den Jesuitenpater Raderus in München mit der Bitte, »ob vielleicht im edifitio ein arth zue finden werr, das ein memoria derselben khundte gereicht werden«, und dieser liess nun, nachdem er über die Raumverhältnisse genauere Erkundigungen eingezogen hatte, von Peter Candid die gewünschten Entwürfe machen. Dieselben fielen zur vollen Zufriedenheit der Augsburger Herren aus und wurden in den folgenden Jahren von dem Augsburger Stadtmaler Matthias Kager ausgeführt. Das alles erfahren wir aus dem zwischen Bartolme Welser und Raderus geführten Briefwechsel, auf den schon im vorigen Jahrhundert Paul von Stetten hinweist, und welcher sich in der Hof- und Staatsbibliothek zu München vorfand. Zugleich ersehen wir daraus, dass Candid für die Entwürfe, von denen diejenigen der Deckengemälde im Münchener Kupferstichkabinett bewahrt werden, hundert Thaler erhielt. Während die auf Leinwand gemalten und in schön vergoldetes Rahmenwerk eingelassenen Deckengemälde die Macht der Weisheit rühmen, welche über alle Könige herrsche, alle Staaten gründe und alle Feinde abwehre, stellen die al fresco ausgeführten Wandmalereien römische und christliche Kaiser, mythologische und biblische Szenen und einen kecken mit schalkhaftem Humor behandelten Puttenfries dar. Die kleinen szenischen Darstellungen sind nicht von Candid entworfen, dagegen müssen wir für den Puttenfries diesen Meister entschieden in Anspruch nehmen, denn Matthias Kager, dem Augsburgs trefflicher Archivar Adolf Buff in seiner verdienstvollen Arbeit über den Bau und die dekorative Ausstattung des Augsburger Rathauses [8]) den Entwurf zuweist, war nach allem, was wir von diesem Meister kennen, nicht in der Lage, ein dekoratives Prachtsück dieser Art zu entwerfen. Wir können überhaupt nicht in das Lob, das Buff diesem Meister zollt, einstimmen, sondern bedauern vielmehr, dass Candid nicht selbst die Ausführung besorgte, da Kager weit hinter dessen Intentionen zurückblieb. Wenn bei der im Jahre 1621 stattgehabten Konkurrenz zur Bemalung der dem Ratsgefängnis gegenüberliegenden Mauer, welche mit der Darstellung der Königin von Saba geschmückt werden sollte, der Entwurf des Kager, wie Buff nachgewiesen hat, dem des Candid vorgezogen wurde, so glauben wir, dass bei der Beurteilung nicht allein künstlerische Gründe massgebend waren, sondern auch patriotische Empfindungen eingeflossen sind. Schade, dass sich weder die Malerei noch die Handzeichnungen der beiden Konkurrenten erhalten haben.

Während diese Arbeiten zur Ausführung gelangten, war Candid in dem einige Stunden von München entfernten Schlösschen zu Schleissheim mit einer anderen dekorativen Arbeit vollauf beschäftigt, denn es galt, demselben eine ähnliche Ausstattung zu geben, wie der Münchener Residenz. So erhielten die Wände, Thüren und Kamine dieselben Stuckverzierungen wie dort, und wurden die Felder der weissstuckierten Deckengewölbe mit ähnlichen Grotesken und Figuren geschmückt, wie wir sie in den Treppenhäusern der Residenz kennen gelernt haben. Nur spielt das Figürliche hier eine grössere Rolle und weist Motive von grosser dekorativer Pracht auf. Umsomehr ist zu bedauern, dass manches späteren Restaurationen zum Opfer gefallen, anderes im Laufe der Zeit verdorben ist. Vielleicht sind die mit den Jahreszahlen 1622 und 1623 versehenen Studien von Grotesken (Halm I, 63 und 64) für diese Räume bestimmt. Sie zeigen noch nichts von den Schwächen des Alters, welche sich im kommenden Jahre bei unserem Künstler einstellten, sondern sind von merkwürdiger Frische und Ursprünglichkeit.

Fig. 2. Köpfe aus den Deckenmalereien des Kaisersaales in der Residenz zu München.

III
Altargemälde.

EIN Maler, wie Candid, der nicht in der Farbe, sondern vielmehr in der Architektonik der Komposition und der plastischen Durchbildung der Gestalten seine Grösse hat, wird sich stets am meisten auf dem Gebiete der Wandmalerei heimisch fühlen, und wenn er Tafelbilder malt, stets solchen Stoffen den Vorzug geben, bei denen es, wie in der allegorischen Darstellung, in erster Linie auf eine klare Komposition, schöne Silhouettierung und energische Modellierung der Gestalten ankommt. Daher vermögen wir uns auch mehr mit den dekorativen Malereien als mit der Mehrzahl seiner Altarbilder zu befreunden. Nicht als verleugnete er in denselben seine künstlerische Kraft, als fehlte ihnen der seine anderen Arbeiten auszeichnende dekorative Reiz. Wer von diesem Gesichtspunkte aus seine Altarbilder betrachtet, wird vielmehr im höchsten

Grade befriedigt werden, da sie eine Fülle der schönsten und anziehendsten Motive in sich bergen. Aber einem Tafelgemälde gegenüber kann diese mehr äusserliche Beurteilungsweise nicht standhalten. Da sollen doch Form und Farbe viel inniger verschmelzen mit dem geistigen Inhalte, da soll die Bestimmtheit der Form der Stimmung der Farbe weichen, da suchen wir uns loszulösen von dem äusseren Scheine, um einzudringen in das innere Wesen der Dinge. Eine derartige Auffassung und die ihr entsprechende Behandlungsweise liegt aber der ganzen künstlerischen Richtung des Candid fern, entsprach auch nicht dem Geiste seiner Zeit. Erst die nachfolgende Generation zeigte sich dafür empfänglich. Wir müssen daher, um dem Künstler gerecht zu werden, von unserer Empfindungs- und Auffassungsweise absehen und ihn im Rahmen seiner Zeit und seines Kreises betrachten. — Wie hoch er von seinen Zeitgenossen auch als Tafelmaler geschätzt wurde, geht aus der grossen Zahl von Aufträgen hervor, welche er für verschiedene Kirchen auszuführen hatte. Vergleichen wir diese Arbeiten mit dem, was sonst in jenen Tagen auf dem Gebiete der religiösen Malerei in Deutschland geleistet wurde, so müssen wir zugeben, dass sie zu den besten gehören. So übertrieben auch das Urteil des Placidius Praun erscheint, der im Jahre 1817 von einem der Augsburger Altarbilder des Candid bemerkt, dass es zu den schönsten Werken der Malerei gehöre, so wird dasselbe doch begreiflich und in gewisser Hinsicht berechtigt, sobald wir mit der ästhetischen Beurteilung die historische Betrachtungsweise verbinden. Dieser darf das ästhetische Urteil überhaupt niemals entbehren, da ihm sonst alle objektive Geltung fehlt.

Die frühesten, uns bekannten Altargemälde des Candid haben wir in der St. Michaelskirche Münchens zu suchen, denn das Altarbild, welches noch in der Mitte des vorigen Jahrhunderts in der Karmeliterkirche zu Brescia als seine Arbeit genannt wird, ist nicht mehr dort vorhanden. Auch fragt es sich, ob dieses Werk noch aus der italienischen Periode des Künstlers stammt oder nicht vielmehr wie die erst 1758 in München erworbenen allegorischen Flussdarstellungen im Bianconischen Hause zu Bologna, in späterer Zeit nach Italien gekommen ist.

Über die Zeit, in der die in St. Michael befindlichen Bilder entstanden sind, werden wir durch das bei Gelegenheit der Grottenhofschilderung gekennzeichnete Pronnersche Notizbuch aufgeklärt. Aus demselben entnehmen wir, dass das schöne Verkündigungsbild mit dem lieblichen Verkündigungsengel und den anmutigen Engelschören in der Höhe aus dem Jahre 1587 stammt, während das dramatisch bewegte St. Ursulabild, von dem sich eine kleine Kopie in der Wiener Galerie befindet, dem folgenden Jahre seine Entstehung verdankt. An einem anderen Bilde, dem Martyrium des heiligen Andreas, das vielfach als ein von Candid vollendetes Gemälde des Christoph Schwarz gilt, rühren zwar einzelne Teile von jenen her, im wesentlichen aber geschah jene Vollendung durch Paduano, der auch sonst, wie auch der schon genannte Viviani, vielfach für diese Kirche thätig war. — Noch von mehreren andren, nicht mehr nachweisbaren Bildern, berichtet jene Quelle, so von einem Katharinenbilde, das vielleicht für die gerade in jenen Tagen eingerichtete Katharinenkapelle in der Residenz bestimmt war, dann von Gemälden, welche nach Graz und Hall bestimmt waren, von einer Tafel für die

Augustiner u. a. m. Eine schon 1586 erwähnte heilige Anna selbdritt ist vielleicht identisch mit einem heute in Ingolstadt befindlichen Gemälde, auf dem das zwischen den beiden Frauen stehende Christkindchen durch das muntere, frische Gesichtchen erfreut. Ebenso steht vielleicht das im Germanischen Nationalmuseum befindliche Madonnenbild ·in Beziehung zu den verschiedene Madonnendarstellungen nennenden Pronnerschen Notizen. Die diesem Bilde eigene Farbenfrische, die zwar z. T. auf eine jüngst vorgenommene Restaurierung zu setzen ist, macht immerhin die Identität mit einem früher in der Theatinerkirche zu München hängenden Madonnenbilde wahrscheinlich, denn in einer Beschreibung dieser Kirche vom Jahre 1789 heisst es, dass das Kolorit schöner sei als an den meisten Arbeiten des Candid. Zu den verschollenen Tafelgemälden dieser früheren Periode gehören zwei im Jahre 1588 entstandene, von Pronner erwähnte Bildnisse des jugendlichen Herzogs Maximilian. Welche Anerkennung des Meisters Wirken fand, beweist am besten der Umstand, dass er bald auch von anderen Städten mit Aufträgen beehrt wurde. So hatte er, wie ein datierter Stich Johannes Sadelers zu erkennen giebt, noch vor dem Jahre 1595 für die Kirche St. Ulrich und Afra in Augsburg jenes grosse Altargemälde auszuführen, auf welchem inmitten musizierender Engelsscharen die auf Wolken thronende Madonna jenen beiden Kirchenheiligen, von denen Afra im Augenblicke des Martyriums dargestellt ist, erscheint; und nicht viel später wird das andere von Placidius Praun so sehr gerühmte Bild dieser Kirche entstanden sein, auf welchem die beiden Heiligen Benediktus und Franziscus verehrend vor der in sonnigglänzenden Wolken erscheinenden

Madonna knieen (Fig. 3). Das die Abendsmahldarstellung aufweisende Predellenbild des mit diesem Gemälde geschmückten Altares ist nämlich einem in Braunschweig be-

Fig. 3.
Oberteil des Bildes »St. Benedikt und St. Franziskus in Verehrung vor der Madonna« in der Kirche St. Ulrich und Afra in Augsburg.

findlichen Abendmahlsbilde, nach welchem der im Jahre 1600 verstorbene Johann Sadeler einen Stich fertigte, durchaus ähnlich, sodass auch für die Predella und damit für den ganzen Altar die Entstehungszeit vor 1600 anzunehmen ist.

Mit diesem, erhabene Ruhe und Feierlichkeit atmenden Gemälde, das als monumentales Andachtsbild jene strengere

Komposition und Architektonik des Aufbaues, wie sie dem Candid eigen ist, verträgt, ist die Verehrung der Madonna durch den heiligen Wilhelm verwandt, welche in dem, heute in eine Kirche umgewandelten Speisesaale des alten Schleissheimer Schlösschens den Altar ziert. Das durch besondere Formenschönheit sich auszeichnende Bild, dem der Jesuitendichter Jakob Balde einen schwungvollen Hymnus gewidmet hat, stammt aus einer jener neun Kapellen, welche die von Herzog Wilhelm nach seiner Abdankung in Schleissheim erbaute Einsiedelei bildeten. Aus einer Schleissheimer Inventarnotiz vom Iahre 1802 ersehen wir, dass auch die erste der Kapellen, die sogenannte Frauenklause, mit einem Gemälde unseres Meisters »eine Maria mit dem Jesukinde in ein himmlisch Glorie« geschmückt war, verschiedene Umstände machen es überhaupt wahrscheinlich, dass Candid auch bei der Ausstattung der übrigen Klausen in erster Linie thätig war.

Haben die Augsburger Altargemälde und das Schleissheimer Bild einen mehr monumentalen Charakter, so weisen die beiden im Dome zu Freising befindlichen Malereien ein mehr genrehaftes Gepräge auf. Die denselben zugrunde liegenden Stoffe, die Heimsuchung und die Anbetung der heiligen drei Könige, fordern auch unmittelbar zu einer solchen Behandlungsweise auf, und vortrefflich hat es der Künstler verstanden, den dadurch an ihn gestellten Forderungen einer lebendigeren Bewegung und schärferen Charakterisierung zu genügen, wennschon der Versuch in dem letzteren Gemälde, zu zu dem sich eine farbige Handzeichnung und eine vom Jahre 1600 stammenden Studie zum Christkindchen mit der Beischrift wihelm monaco erhalten hat (Halm I, 58), das Kolorit mehr zur Geltung zu bringen, missglückt ist.

Vortrefflich ist die Bewegung des Christkindchens und
des knieenden Königs und gut beobachtet der auf seinen
Stab sich stützende Joseph. Ebenso zeugen in dem Heim-
suchungsbilde die Haltung, Bewegung und der Ausdruck
der beiden heiligen Frauen, sowie die Frische und natürliche
Darstellung der anmutigen Begleiterinnen von einer ge-
sunden Auffassungsweise und von fleissigstem Naturstudium.

Als im Jahre 1602 den Franziskanern in München
ein Kloster erbaut wurde, erhielt Candid den Auftrag für
ihre Kirche ein Andachtsbild (Fig. 4) zu malen. Das heute
den Altar in der schmerzhaften Kapelle dieses Klosters
schmückende Gemälde, zu dem sich eine Handzeichnung
erhalten hat, verbindet mit den Vorzügen der bisher ge-
nannten Bilder eine harmonische ruhige Farbenwirkung.
In dieser heiligen Familie gelang es dem Meister in der
That, wie sonst nie, eine farbige Stimmung zu erreichen,
die der in der Darstellung zum Ausdruck gebrachten
religiösen Empfindung vortrefflich entspricht. Es ist, als
hätten ihm hier Gemälde Andrea del Sartos vorge-
schwebt; eine gewisse Ähnlichkeit mit dessen Madonna
del sacco im Kreuzgange des Servitenklosters zu Florenz
ist nicht zu verkennen. In diesem Werke erweist sich
Candid als ein echtes Kind der Florentiner Schule, an
deren Traditionen er in dem eifrigen Streben festhält,
die von ihnen eingenommene Höhe zu erschwingen. Die
Komposition ist bei aller Strenge frei und ungezwungen
und die einzelnen, bei aller Idealisierung lebensvollen Gestalten von einer Anmut und Frische, die auf das wohl-
thuendste berührt. Der liebliche Kopf der Madonna
kommt ganz ähnlich auf einem Stiche Raffael Sadelers
vor, zu dem sich eine Studie des Candid aus dem Jahre
1601 mit dem in einem Kissen liegenden Christkindchen

erhalten hat (Halm I,46). Das Gemälde war nicht nur seiner Schönheit wegen hochberühmt, sondern stand auch

Fig. 4. Altargemälde in der schmerzhaften Kapelle der Kapuziner in München.

als wunderthätig in höchstem Ansehen. »Von dieser Bildnusz gehet«, so lesen wir in Wenings Beschreibung Bayerns vom Jahre 1701 »der gemaine Rueff und Tradition bei den P. P. Capuzinern, dasz sie mit R. P. Laurentio à Brundusio Weyland des Ordens geweszter General mehrmahlen geredet, wann der fromme Pater allda bei diser H. Bildnusz Mesz, deme auch Churfürst Maximilians I. offtermahls zu Altar gedienet.« Von einem andern für die Kapuziner gemalten, heute verschollenen Bilde Candids, dem heiligen Franziskus, erfahren wir nur, dass es »wegen dem ausserordentlichen Fleiss vieler Kleinigkeiten, Gesträuche, Vögel zu bewundern sei.«

Auch für die nun in eine Mauthalle umgewandelte Augustinerkirche hatte Candid mehrere Bilder zu malen, dieselben sind jedoch von untergeordneter Bedeutung. Von einem ist in den Pronnerschen Notizen die Rede, eines, eine heil. Anna selbdritt, kam in die Studienkirche zu München, andere in die Schleissheimer Galerie, die überhaupt eine Reihe von Candidschen Bildern bewahrt, wie das im Jahre 1623 für die Karlskirche zu Neudeck gemalte Bildnis des heil. Borromaeus, das durch feine Ausführung des Kostümes, zumal des Spitzenkragens und des reichen Schmuckes sich auszeichnende Bildnis der Herzogin Magdalena, einige kleinere Gemälde biblischen Inhalts u. a. m. Eine schöne im Jahre 1607 entstandene Verkündigung des Meisters prangt über der Thür der reichen Kapelle. Dieselbe ist so zart und fein gemalt, dass ein begeisterter Schilderer der Residenz im vorigen Jahrhundert sich zu der Bemerkung veranlasst sah: »man könne glauben, es spiele Elfenbein darunter.« Dieselbe Zartheit der Behandlung weisen in der Frauenkirche die prächtig gezeichneten zwölf Heiligengestalten von den Thüren des einst den Sarg des heiligen Arsacius umgebenden Schreine auf, welche heute in der Preysingschen Kapelle den Sarg der heiligen Katharina schmücken.

Für die Frauenkirche sollte Candid noch gegen Ende seines Lebens sein grösstes Altarwerk schaffen. Wahrscheinlich hatte bei Errichtung des Bennobogens der im Jahre 1434 von Gabriel Angler ausgeführte gotische Schnitzaltar weichen müssen, um einem monumentalen Renaissancewerke Platz zu machen. Soviel steht fest, dass derselbe im Jahre 1613 nicht mehr existierte, da ein aus jener Zeit stammender Stich uns an seiner Stelle ein mit einer in Bronze gegossenen Madonna besetztes einfaches Altartischchen zeigt. Vielleicht hatte es damals an den nötigen Mitteln gefehlt, das grosse Altarwerk zu errichten, sodass man sich zunächst mit jenem Altärchen begnügte. Erst im Jahre 1620, nach siegreicher Rückkehr aus der Schlacht am Weissen Berge, gab Maximilian dem Candid den Auftrag, der Maria zu Ehren, die ihm zum glorreichen Siege verholfen habe, den Hochaltar auszuführen, und bald erhob sich im Chore der Kirche das neunzig Fuss hohe, auf der Vorder- und Rückseite mit Gemälden versehene Werk. Mächtige korinthische Pilaster schlossen die figurenreiche Darstellung der Himmelfahrt Mariae ein, während zwischen den Postamenten derselben die Verkündigung mit der Unterschrift: P. CAND. ACAD. FLORENT. SER. BAV. DVC. PICT. DAM. F. ANNO POST. C. N. M. DCXX. und im Giebeldreieck die würdige Gestalt Gott Vaters erschienen. Auf der Rückseite sah man dagegen die Auferstehung Christi, das Schweisstuch der Veronika und eine Engelglorie. Der Altar ist bei der obenerwähnten Restauration der Kirche eingelegt, die einzelnen Teile aber haben sich erhalten und werden bis auf das Hauptbild der Himmelfahrt, das heute über der Sakristeithür der Kirche hängt, im Dachboden der Kirche aufbewahrt. Wenn auch an eine Wiederaufrichtung des ganzen Werkes nicht gedacht werden kann, so wäre doch zu wünschen, dass die einzelnen Teile eine passende Verwertung fänden, vor allem sollte das tiefempfundene Verkündigungsbild mit dem anmutigen Verkündigungsengel wieder eine entsprechende Aufstellung erhalten, sei es nun in einer Kirche, oder wenn sich hierfür keine Gelegenheit findet, in einer Gemäldesammlung, z. B. jener des Germanischen Nationalmuseums.

Fig. 5. Portalfiguren von der Westfassade der Residenz zu München.

IV.
Plastische Werke.

VON jeher wird für eine grosse Zahl der in jenen Tagen in München entstandenen Bronzen die künstlerische Urheberschaft des Candid in Anspruch genommen; zugleich aber eine Reihe von Meistern genannt, welche die Ausführung versahen. Candid war somit nicht, wie verschiedene Maler Italiens, auch Plastiker, sondern begnügte sich damit, den Bildhauern Entwürfe zu liefern. Damit ist natürlich nicht gesagt, dass er der Ausführung jener Arbeiten ganz fern gestanden habe, wir haben vielmehr alle Ursache anzunehmen, dass er dieselbe vielfach leitete und zuweilen bei der Modellierung selbst mit Hand anlegte. Wissen wir doch aus van Mander, dass er nicht nur »een goedt Meester in het nat en Oly-verwe« gewesen ist, sondern sich auch trefflich darauf verstanden habe,

»aerdigh van Aerde bootserende dat hem in der Schilderkonst groot vordeel is.« Bemerkenswert für sein Verhältnis zur Plastik ist dann noch der Umstand, dass er mit dem ersten Plastiker Münchens, dem vielbeschäftigten Johannes Krumper, Ateliergemeinschaft hatte. Dies erhellt aus einer einfachen Rechnungsnotiz, in welcher von Ofenreparaturen »in des Khrumpers vnd P. Candido werckstat« die Rede ist.

Von allen Werken des Meisters sind keine in dem Masse geeignet, uns so unmittelbar in das Wesen seiner Kunst einzuführen, wie die der Plastik; denn reiner und deutlicher als in der Malerei konnte er hier seine künstlerische Eigenart zur Geltung bringen, voller und mächtiger sein dekoratives Geschick entfalten. Mögen seine dekorativen Malereien auch noch so viel des Anziehenden und künstlerisch Bedeutsamen aufweisen, noch so sehr durch Komposition und Zeichnung, Verteilung der Massen und Rhythmus der Bewegung hervorragen, so vermögen uns diese Vorzüge doch nicht über die koloristischen Mängel hinwegzuhelfen. Die plastischen Werke aber zeigen jene Vorzüge, ohne daneben in uns das Gefühl eines solchen Mangels hervorzurufen. Auch sie sind ihrem Wesen nach dekorativ und lassen gleichfalls deutlich den Einfluss der italienischen Schule erkennen. Mehrfach werden wir an Gionnani da Bologna, zuweilen auch an dessen Schüler Adriaan de Vries erinnert, wenn schon in den Candidschen Arbeiten die Absicht dekorativ zu gestalten deutlicher und bewusster zu Tage tritt.

Zu derselben Zeit als die Ausmalung der beiden Hallen im Grottenhöfchen der Residenz stattfand, entstand auch die für die Kunstweise unseres Meisters äusserst charakteristische Brunnengruppe des Perseus mit der getöteten Medusa,⁹) welche noch heute dieses Gärtchen ziert. Spräche nicht der Charakter des Werkes, das in Anlehnung an Cellinis berühmte Bronze in der Loggia de' Lanzi zu Florenz geschaffen ist, mit solcher Entschiedenheit für Candids Urheberschaft, so könnte man leicht geneigt sein, den Entwurf der Gruppe dem Christoph Schwarz zuzuweisen, denn von diesem Meister hat sich eine in der Anlage wie in verschiedenen Einzelheiten mit der Bronzegruppe übereinstimmende Handzeichnung mit der, freilich aus späterer Zeit stammenden Unterschrift: »Christophorus Schwarz Monach. fec. Ex Aereis Stat. f. Hub. Gerardi« erhalten. Von Candid ist dagegen weder hier noch sonst in Beziehung auf diese Gruppe irgendwie die Rede, und auch keine Handzeichnung bestätigt unsere Vermutung. Aber dennoch glauben wir berechtigt zu sein, den künstlerischen Charakter dieser Gruppe, der von dem der Zeichnung im wesentlichen abweicht, auf Candid zurückzuführen, denn der Bildgiesser Hubert Gerhard der nicht als selbstständige Künstlerindividualität erscheint, sondern nach den Entwürfen der verschiedensten Meister goss, konnte ihr denselben nicht gegeben haben. Von den Meistern des Münchener Kreises ist aber nur dem Candid ein so harmonisch gegliederter Aufbau, eine solche Verbindung von Lebensfülle mit idealer Linienführung, ein so wohlthuender Bewegungsrhythmus eigen, zeigt nur er eine so reizvolle, dekorative Behandlung des Kostüms und der ornamentalen Einzelheiten, und findet sich nur bei ihm eine so innerliche organische Verschmelzung aller dieser Eigentümlichkeiten, wie sie uns in dieser Perseusgruppe entgegentritt und zur Bewunderung hinreisst. Sehr bezeichnend für die künstlerische Auffassungsweise Candids ist auch die Umwandlung, welche er mit der grossen

Bronzegruppe des den Luzifer tötenden Erzengels an der Fassade der Michaelskirche vornahm, als er das Werk für den Stich des Lukas Kilian aufzeichnete (Fig. 6). Aus der malerisch angelegten gleichfalls von Hubert Gerhard gegossenen Gruppe (Fig. 7), zu welcher aller Wahrscheinlichkeit nach Christoph Schwarz den Entwurf geliefert hatte, schuf er ein plastisches Ganze, und es ist zu bedauern, dass diese Umwandlung nicht schon vor dem Guss der Gruppe stattgefunden hat. Das unter derselben zwischen den beiden Konsolen angebrachte, von zwei Putten gehaltene herrliche Wappen[10]) und die vier mit diesem stilistisch verwandten Kandelaber[11]) im Chore der Kirche weisen dasselbe dekorative Geschick und denselben Formcharakter auf, wie der prächtige Thürklopferentwurf in der Halmschen Sammlung (I, 73),[12]) von dem wir nicht wissen, ob er zur Ausführung gekommen ist. Einen bronzenen Thürklopfer des Candid besitzt das Berliner Kunstgewerbemuseum. Sehr charakteristisch für unsereren Meister ist der im Querschiff von St. Michael aufgestellte Weihwasserengel, der eine merkwürdige Ähnlichkeit mit dem Verkündigungsengel von der Predella des früheren Hochaltars der Frauenkirche hat. An der Gruppe der am Kreuzesstamme knieenden hl. Magdalena ist bezeichnend für Candid die Verzierung und der Schmuck des reichen Gewandes. Wichtiger als diese Arbeiten ist ein Werk, welches im allgemeinen als Arbeit des Hubert Gerhard gilt, unseres Erachtens aber nur von ihm gegossen, jedoch von Candid entworfen ist, nämlich der im Jahre 1594 ausgeführte Augustusbrunnen vor dem Rathause in Augsburg. Freilich muss es auffallen, dass die Baumeisterbücher dieser Stadt, in denen Gerhard mehrfach verzeichnet ist, von Candid gar nicht reden, der ja für den Entwurf ebensogut besoldet

Fig. 6. Die Bronzegruppe von der Fassade der St. Michaelskirche in München nach dem von Candid aufgezeichneten Kilianschen Stich.

Fig. 7. St. Michael den Luzifer tötend, Bronzegruppe an der Fassade der St. Michaelskirche in München.

wurde, wie der ausführende Meister; aber dieser Umstand vermag doch nicht die aus stilistischer Untersuchung hervorgegangene Ueberzeugung zurückzudrängen, dass wir hier ein Werk des Candid vor uns haben. Die Verwandtschaft dieser Brunnenfiguren mit zweifellos Candidschen Gestalten ist eine viel zu enge, als dass wir dieselben auf einen anderen Ursprung zurückzuführen vermöchten. So erinnert uns die würdevolle Statue des Augustus unmittelbar an das Konstantinsbild im Depot von Schleissheim, an Gestalten auf dem Bilde der Monarchie aus dem Kaisersaale der Residenz und auch an die al fresco gemalten Kaiserfiguren im goldenen Saale des Augsburger Rathauses, ebenso weisen die beiden am Brunnenrande lagernden Flussgötter denselben Ursprung auf, wie die Flussgottdarstellungen des Theatinerganges in der Münchener Residenz, am meisten aber spricht dafür ein Vergleich der lieblichen Singold mit der für Candid so sehr bezeichnenden Statue der Bavaria auf der Rotunde des Münchener Hofgartens (Fig. 8). Die Ausführung der letzteren rührt von Krumper her; der in ihr, wie in der Singold hervortretende Stil ist daher durchaus nicht auf Rechnung des Gerhard zu setzen, vielmehr weist die stilistische Verwandtschaft zweier von verschiedenen Meistern ausgeführten Arbeiten, wie sie auch unverkennbar zwischen dem Perseus und der Bavaria besteht, auf einen dritten Meister hin, der jenen beiden die Entwürfe lieferte, und das kann in diesem Falle kein anderer als Candid gewesen sein. Von Gerhard hören wir zuletzt im Jahre 1594, Krumpers eigentliche Thätigkeit dagegen fällt in das erste Viertel des XVII. Jahrhunderts; und dennoch zeigen beide Bilderwerke den gleichen Charakter, nur dass bei letzterem die Modellierung weicher und sanfter ist.

Jene Bavaria, das anmutigste und reizvollste unter den plastischen Werken des Candid, stand ursprünglich auf einem Felsenberge in dem südlichen Hofgarten der Residenz, dessen künstlerische Ausstattung im wesentlichen in die Jahre 1601 bis 1610 fällt. Später, wahrscheinlich bald nach Anlegung des nördlichen Hofgartens, kam es auf die Kuppel des 1615 erbauten Monopteros, der heute so dicht von hohen Bäumen umstellt ist, dass die schöne Bronzefigur während der Sommerzeit unseren Blicken fast entrückt ist. Es ist dies um so bedauerlicher, als gerade dieses Werk sich in ganz besonderem Maasse durch den Adel der Formen auszeichnet. Anziehend ist auch

Fig 8. Bavaria im Hofgarten der Residenz zu München.

die ruhige Vornehmheit, mit der die in nackter Schönheit strahlende Frauengestalt die schlanken, anmutigen Glieder bewegt. Wie wunderbar entspricht der glücklichen Stellung der Beine, von denen das linke auf ein Salzfass gestellt ist, sodass das wohlgeformte Knie scharf heraustritt, die Bewegung der schön gerundeten Arme über deren rechtem ein Hirschfell hängt, während die nach unten gehaltene linke einen Ährenkranz fasst. Der auf der rechten ruhende, auf die im Jahre 1623 dem Maximilian verliehene Kurwürde weisende Reichsapfel ist eine spätere Zuthat. In Verbindung mit den kleinen an den Ecken des Postaments hockenden Putten, die verschiedene Attribute in den Händen halten, erinnert das Werk an die Verdienste Maximilians um die Entwickelung seines Landes in politischer, religiöser und landwirtschaftlicher Hinsicht, durch seine Schönheit und künstlerische Vollendung aber preist es ihn als Freund und Förderer der Künste.

Nahe verwandt mit der Bavaria sind auch noch jene beiden köstlichen Frauengestalten der Luft und der Erde (Fig. 9), welche Candid nebst den männlichen Figuren des Wassers und Feuers zur Ausschmückung des Wittelsbacher Brunnens in der Münchener Residenz schuf, und welche im Vergleich mit dem übrigen Figurenschmuck dieses schon unter Herzog Albrecht V. angelegten Brunnens die besondere Eigentümlichkeit der Candidschen Kunstweise auf das deutlichste hervortreten lassen. Über die Zeit ihrer Entstehung fehlt leider jede Angabe, überhaupt sind es allein stilistische Gründe, welche für die Urheberschaft des Candid sprechen. Derselbe Bewegungsrhythmus, welcher der Juno auf dem Argusbilde im Grottenhöfchen den eigentümlichen Reiz verleiht, zieht unmittelbar die Blicke auf die junonische Gestalt der Erde hin, und die Bewegung und die Formen ihrer schön gebildeten Glieder legen den Vergleich mit der Bavaria unmittelbar nahe. Sehr charakteristisch für unseren Meister ist auch die geschickte Art, wie er das Haar und den Kopfputz an-

Fig. 9. Die Erde, Figur vom Wittelsbacherbrunnen im Brunnenhofe der Residenz zu München.

zuordnen weiss. Wie diese beiden weiblichen Brunnenfiguren, so geben auch seine Bilder mehrfach Gelegenheit, sein Geschick hiefür zu bewundern. Von hervorragender Schönheit ist auch der Kopfputz jener vier allegorischen Frauengestalten, der Klugheit, Gerechtigkeit, Stärke und Mässigkeit (Fig. 5), welche auf den Giebeldreiecken der beiden westlichen Residenzportale lagern. Da an diesen Portalen noch im Jahre 1614 gearbeitet wurde, so wird die Entstehung der schön durchgeführten Gestalten ungefähr in diese Zeit zu setzen sein. Zwischen ihnen erscheint in einer architektonisch reichen Marmornische die grosse wundervolle Bronzestatue einer Madonna mit dem Kinde, deren Komposition zwar der rechten Geschlossenheit entbehrt, die aber im einzelnen viele Schönheiten aufzuweisen hat. Durch zierliche Ornamentik zeichnet sich die unter dieser Statue angebrachte grosse Bronzelaterne aus, die dem entwerfenden Künstler und dem Giesser alle Ehre macht.

Aus der Candid-Krumperschen Giesshütte, in welcher alle diese Arbeiten entstanden, stammen auch die heute im Garten des Bayerischen Nationalmuseums aufgestellten Statuetten der vier Jahreszeiten, welche vielleicht einst das Grottenhöfchen zierten. Woher die in demselben Garten befindlichen Candidschen Gestalten der Venus und der Virtus [13]) gekommen sind, ist unbekannt. Eine Handzeichnung aus dem Jahre 1623 (Halm, I, 62) zeigt, dass die letztere als Brunnenfigur gedacht war, denn der hier dargestellte von Sirenen und Delphinen getragene Brunnen wird von einer Figur bekrönt, welche in Haltung und Bewegung so sehr an die vortrefflich komponierte, in Bewegung und Ausdruck vorzüglich gelungene Bronze der Virtus erinnert, dass die Annahme, jene Skizze sei ein Entwurf zu dieser Figur, in hohem Grade wahrscheinlich ist.

Man sieht es diesem frischen, Kraft und Siegesbewusstsein atmenden Werke in der That nicht an, dass sein Meister bereits das fünf und siebenzigste Lebensjahr überschritten hatte, man glaubt vielmehr der Arbeit eines in der Blüte seiner Jahre stehenden Mannes gegenüberzustehen. Aber kann es uns wundern, dass der Mann, nach dessen Entwürfen und unter dessen Leitung noch im Jahre 1622 das grossartige Ludwigsmausoleum in der Frauenkirche entstanden war, im darauffolgenden Jahre ein Werk wie jene Virtus schuf?

Schon Albrecht V. hatte, wie erwähnt, den Gedanken gefasst, seinem grossen Ahnen Kaiser Ludwig dem Bayer ein Denkmal zu errichten, aber erst Maximilian, der sich im Jahre 1616 vergebens darum bemüht hatte, diesen Kaiser aus dem Kirchenbanne zu befreien, führte denselben aus, indem er über der von Hans dem Steinmeissel mit dem schönsten Bildwerk verzierten Tumba des Kaisers in der Frauenkirche ein aus schwarzem Marmor und Bronze gebildetes Mausoleum errichten liess. Leider wurden bei dieser Gelegenheit die vielbewunderten Reliefs, welche die Seiten der Tumba bedeckten, zerstört. Die obere Platte aber mit der auf das feinste durchgeführten Darstellung des thronenden Kaisers wurde erhalten und ist heute durch die seitlichen Öffnungen des Mausoleums sichtbar.

Auch dieses Werk war schon mehrfach in Gefahr, wenn auch nicht aus der Kirche entfernt, so doch aus dem Mittelpunkte derselben an das ungünstig beleuchtete Ende unter der Orgelempore versetzt und dadurch seines Ansehens beraubt zu werden. Bei der mehrfach er-

Fig. 10. Eckfigur vom Ludwigsmausoleum in der Frauenkirche zu München.

wähnten Restauration der Kirche begnügte man sich zwar damit, das Denkmal aus dem erhöhten Chore, in dem es die Aussicht auf den Hochaltar benahm, in das Schiff der Kirche an seinen jetzigen Standort zu rücken, neuerdings ist aber mehrfach der Wunsch laut geworden, eine weitere Versetzung vorzunehmen, doch ist bei der künstlerischen Bedeutung des Werkes zu hoffen, dass solche Wünsche ungehört bleiben.

Aus der den Fries des schwarzen Marmorgehäuses umziehenden Inschrift, welche das Jahr 1622 als das der Vollendung des Denkmals angiebt, ersehen wir, dass schon der Vater und der Grossvater des Maximilian an die Errichtung desselben dachten und begreifen daher, dass den Langseiten des Mausoleums die Statuen dieser beiden Fürsten vorgestellt sind. Dieselben sind gut aufgefasst, frisch und lebensvoll modelliert und zeichnen sich auch durch die zierliche Durchbildung der schmuckreichen Gewänder aus. In Bezug auf Ornamentation aber fesseln uns am meisten die an den Ecken des Grabmals knienden, hohe Fahnen haltende Landsknechte (Fig. 10), deren Rüstungen und Helme eine wahre Fundgrube zierlicher und anmutiger Ornamentmotive bilden. Wie in den Grotesken der Residenz, so erweist sich Candid auch hier als ein ebenso feinfühliger wie gewandter Ornamentist. Meisterlich versteht er es, die ornamentale Linie den Raumverhältnissen anzupassen und die gegebenen Flächen ornamental zu beleben. Organisch wachsen aus dem Blattwerk die figürlichen Motive heraus, und bei allem Reichthum findet sich doch nirgends prunkende Fülle und störende Ueberladung. — Einfach und edel, wie der auf rotem Sockel ruhende, innen und aussen mit bronzenem Zierat besetzte dunkle Marmorbau, ist auch das in schöner Schweifung pyramidal ansteigende Bronzedach gegliedert, auf dessen Spitze die von den anmutigen Gestalten des Krieges und des Friedens bewachte Kaiserkrone ruht, während an den Ecken muntere Putten als Wappenhalter dienen.

Candid und Krumper setzten an die Durchführung dieses Werkes ihre ganze Kraft und zeigten sich der ihnen hier gestellten schwierigen Aufgabe durchaus gewachsen. Während die Feinheit, Sauberkeit und Schärfe, mit welcher alle Teile des Werkes gleichmässig gegossen sind, die Hingebung verraten, mit welcher Krumper die Ausführung des Werkes betrieb, so zeigen von dem Fleisse, den Candid dabei an den Tag legte die vielen Pläne, Studien und Skizzen, die sich auf achtunddreissig z. T. auf beiden Seiten bezeichneten Blättern erhalten haben. Diese leicht mit der Feder hingeworfenen, im Münchener Kupferstichkabinett befindlichen Zeichnungen [14]) sind nicht nur als bemerkenswerte Studien unseres Meisters für uns von besonderem Interesse, sondern auch deshalb von grösster Wichtigkeit, weil sie jeden Zweifel an der Thatsache, dass Candid Entwürfe zu plastischen Arbeiten geliefert habe, zerstreuen müssen. Wenn wir vom Strich der Zeichnungen ganz absehen, so erhellt schon aus den halb italienischen, halb deutschen Beischriften, wie sie auch auf anderen Zeichnungen des Meisters vorkommen, dass dieselben von ihm und nicht etwa von Krumper herrühren. Übrigens hat man diesem Werke gegenüber nie an der Urheberschaft des Candid gezweifelt. Sehr bemerkenswert sind die Worte, welche der kunstliebende Marchese Bianconi, der für Candid eine ganz besondere Vorliebe hatte und wie schon erwähnt im Jahre 1758 seine Villa in Bologna mit vier Candidschen Bildern schmückte, dem Ludwigsmausoleum gewidmet hat. In dem fünften seiner Reisebriefe (11. November 1762) lesen wir: »Io non credo che dopo aver finora veduto tante cose di Pier Candido voi abbiate più bisogno che vi si dica essere codesta pure un suo disegno. Quantunque nessuno me l'abbia potuto assicurare, io non saprei dubitarne riconoscendolo in tutte e singole le sue parti.«

Steht aber für dieses Werk die Urheberschaft unseres Meisters fest, so haben wir um so weniger Veranlassung daran zu zweifeln, dass auch die bisher besprochenen, früher entstandenen Bronzen, auf ihn zurückgehen, denn niemals hätte man einem über siebzig Iahre alten Manne den Entwurf eines solchen Werkes übertragen, wenn er sich nicht schon vorher auf dem Gebiete der Plastik bewährt hätte. — Noch haben wir von den schon vorher geschaffenen Bronzen eine Statue näher in betracht zu ziehen, deren wir schon oben kurz gedacht haben. Wir meinen die Maria mit dem Kinde, welche sich im Jahre 1613 auf dem Altartische in der Frauenkirche befand.

Aus einer Kalendernotiz vom Jahre 1678 geht nämlich hervor, dass dieses ursprünglich vollständig vergoldete Werk, das durch den Adel der Form und eine besonders schöne Faltenlegung hervorragt, mit jener Maria identisch ist, welche heute auf der stattlichen Säule des nach ihr benannten Marienplatzes in München steht. Vielfach hat man das ganze Werk dem Candid zugeschrieben, und in der That, der ganze Aufbau, die ornamentalen Einzelheiten und die köstlichen Engelsgestalten, welche so eifrig gegen die sich unter ihren Schlägen windenden Ungeheuer kämpfen, sind seiner würdig, aber die Säule wurde erst zehn Jahre nach seinem Tode, im Jahre 1638 zur Erinnerung an die in den Jahren 1632 und 1634 überstandene Kriegs- und Pestgefahr errichtet, und auf diese Ereignisse beziehen sich auch jene Ungeheuer, welche den Krieg, den Aberglauben, die Pest und die Hungersnot darstellen. Auch bemerken wir bei genauer Betrachtung, dass in diesen Gruppen eine naturalistischere Auffassung und eine schärfere Charakterisierung zutage tritt, als wir sie bei Candid gewohnt sind, dass auch hier, wie in der Malerei, eine neue Richtung sich Bahn bricht. Nur hält die Plastik länger an den überkommenen Formen fest, und so klingt in diesem Werke noch deutlich die Candidsche Weise an.

Teppichdarstellungen.

TROTZ den bedeutenden Anforderungen, welche der Bau und die plastische wie malerische Ausschmückung der Residenz an unseren Künstler stellten, fand derselbe dennoch die Kraft und die Zeit, die im Jahre 1604 von Maximilian gegründete Teppichmanufaktur mit Entwürfen und den für die Ausführung nötigen grossen Kartons zu versehen. Ja es scheint, dass er auch hier bei der Ausführung die Oberleitung hatte, denn in einem alten Berichte heisst es; dass der aus den Niederlanden berufene Gobelinwirker Hans van der Biest, der mit zwanzig Gesellen nach München gekommen war, sich seiner Kunst um so weniger zu rühmen habe, »als ihm Peter Candid die Cartone für Hand und Augen reiche und noch manches corrigieren müsse«. Auch beweisen die Schenkungen welche Maximilian dem Candid zukommen liess, und von denen eine mit der Bemerkung: »dorch seines gehebten vleiz so er bei seiner arbeit vnd sondlich was zu Iren Dtl. tappecereien gehörig erzaiget« in den Hofzahlamtsrechnungen eingetragen ist, dass derselbe auch diesen Arbeiten die gewohnte Sorgfalt zuwandte. Entsprach doch auch diese Thätigkeit ganz besonders seinem künstlerischen Sinne, konnte er sich doch hier nach Herzenslust im Komponieren der Gruppen und plastischen Durchbilden der Gestalten ergehen ohne die Farbe in dem Maasse wie bei den Gemälden in betracht ziehen zu müssen.

Schon ehe er nach München kam, war er auf diesem Gebiete thätig gewesen, denn unter den Arbeiten, die er für den Herzog von Florenz auszuführen hatte, befanden sich auch »verscheyden Tapyt-patronen«. Über diese Arbeiten haben wir sonst keine weitere Kunde, dagegen sind wir über die Thätigkeit, welche Candid in München für die Teppichwirkerei entfaltete, genau unterrichtet, denn nicht nur besitzen wir bis auf einzelne Stücke die ausgeführten Teppiche, sondern auch in stattlicher Zahl die Candidschen Entwürfe und Skizzen, die von dem Fleisse und der Gewissenhaftigkeit, mit denen er auch hier zu Werke ging, das beste Zeugnis ablegen. Dazu kommen nun noch die Stiche, welche der Stecher Gustav Amling gegen Ende des 17. Jahrhunderts von dem grösseren Teile der Darstellungen nach den von Candid und seinen Gesellen gezeichneten Kartons gefertigt hat. »Wegen ihrer sondern Raritet« hatte man diese, den Wirkern als Vorlagen dienenden Kartons sorgfältig aufbewahrt und an der Wand der nördlichen Hofgartenarkaden angebracht. Hier wird dann die Witterung die allmähliche Zerstörung besorgt haben, denn wir besitzen heute nichts mehr davon. Dargestellt waren hier in 32 Kompositionen die Thaten Ottos von Wittelsbach, die Romreise Ludwig des Bayern i. J. 1327, sowie die Monate, Jahres- und Tageszeiten. Nur neunundzwanzig Darstellungen wurden ausgeführt und haben sich erhalten, während zwei Szenen aus der Geschichte Ottos und die Romreise Ludwigs uns nur durch Handzeichnungen und die Amlingschen Stiche bekannt sind. Aus Handzeichnungen kennen wir auch die Darstellungen zweier verschollenen Teppiche, welche einer dritten nicht gestochenen Serie angehörten. Es ist dies jene Reihe von zwölf Teppichen, welche, wie bemerkt, im Verein mit Vincentinoschen Gemälden die Wände des Kaisersaales schmückten und durch biblische und mythologische Szenen verschiedene Tugenden veranschaulichten. Heute schmücken diese Teppiche mit Ausnahme jener beiden verloren gegangenen Stücke die Wände eines Saales im Wittelsbacher Palais zu München. Dem opferfreudigen Eleasar entspricht der todesmutige Mucius Scaevola, dem gläubigen Gedeon, der tapfere Leonidas, Debora und Zenobia erscheinen dagegen als Muster weiblicher Kühnheit und Unerschrockenheit. Der keusche Joseph findet sein mythologisches Gegenbild in dem unschuldigen Hippolyt, und der klugen Michael, deren List dem Gatten David das Leben rettete, steht die Römerin Turia gegenüber, die ihren Mann Quintus Lucretius Vespillo vor seinen Feinden schützte. Welche Darstellung der Auffindung des Moses entsprach, die, wie die erwähnte Handzeichnung zeigt, auf dem einen Teppich des verlorenen Paares dargestellt war, wissen wir nicht, da wir die flüchtige Zeichnung, auf der im Vordergrunde eine Frau ein Kind zu verbergen sucht, während im Hintergrunde ein Kampf von Männern tobt, nicht zu deuten vermögen. Die Gestalten, von denen stets eine stark hervortretend im Vordergrunde erscheint, zeichnete sich durch Kraft und Energie des Ausdrucks aus und sind von prachtvoll dekorativer Wirkung. Dieselbe wird noch erhöht durch die reiche aus Blumen- und Fruchtgehängen gebildete Umrahmung, in welcher ausser dem bayerischen und lothringischen Wappen und dem Namenszuge des Herzogs Maximilian und seiner Gemahlin Elisabeth erklärende lateinische Unterschriften erscheinen. — Diese Teppiche wurden nicht in München gewebt, sondern von van der Biest nach seinem Fortgange von München im Jahre 1615 in Flandern ausgeführt. Wie die Teppiche mit den Darstellungen der Monate so weisen auch diese den Namen und das Monogramm des van der Biest auf, dagegen fehlt das dort vorkommende Münchener Kindl. Dieses fehlt nun auch samt den auf Biest deutenden Bezeichnungen auf den im Bayerischen Nationalmuseum bewahrten Exemplaren der ersten Serie, auf denen sich vielmehr eine von zwei P eingeschlossene Lilie findet; wir glauben deshalb, dass wir hier nur spätere Wiederholungen der schon im Jahre 1613 fertiggestellten und in diesem Jahre bei der Hochzeit des Pfalzgrafen Wolfgang Wilhelm mit der Herzogin Magdalena zum Schmuck von »des Herrn Bräutigam Zimmer« verwendeten Teppiche vor uns haben, die sich noch heute in der Residenz befinden und, wie eingangs erwähnt wurde, am Georgiritterfeste verwertet werden. Ob diese letzteren, wie wir vermuten, das Monogramm des van der Biest aufweisen, konnten wir leider nicht erfahren. Wahrscheinlich gilt dann jene Zahlung von 3040 fl., welche an die Erben des van der Biest und die Gebrüder van der Posch entrichtet wurde, den in verschiedenen Räumen des Nationalmuseums hängenden Teppichen, auf denen wir in Umrahmungen, welche den vorhin geschilderten ganz ähnlich sind, die wichtigsten Thaten und Ereignisse aus dem Leben Ottos von Wittelsbach erblicken, seine im Jahre 1153 erfolgte Ernennung zum Hauptmann der Leibgarde des Kaisers Friedrich Barbarossa, dem er im folgenden Jahre auf dem Römerzuge folgte, seine heldenhafte That in der Veroneser Klause, durch die er seinem Kaiser das Leben rettete, seine energischen Verhandlungen mit den verräterischen Griechen bei Ancona, seinen kühnen Handstreich während der Belagerung von Mailand, die durch seine List bewirkte unblutige Einnahme Ferraras, seine Verhandlungen mit dem Papste im Interesse des Kaisers, seine Trauung mit Agnes von Wasserburg, seinen Sieg über Heinrich den Löwen, mit dessen bayerischem Lande er vom Kaiser belehnt worden war, da jener dem Kaiser für die dritte Romfahrt die Heeresfolge verweigert und dadurch die Niederlage bei Legnano verschuldet hatte. Auf einem der Teppiche sehen wir dann, wie die bayerischen Stände dem Otto den Treuschwur leisten, während ihn der letzte Teppich dieser Serie als Erbauer von Landshut und der Trausnitz zeigt.

Auch bei diesen Kompositionen war der Meister sichtlich bestrebt, den Hauptnachdruck auf einige wenige, sehr gross im Vordergrunde erscheinende Gestalten zu legen, alles Übrige dagegen wesentlich zurücktreten zu lassen. Nicht immer geschah es zu gunsten des Ganzen, aber stets sind jene Hauptgestalten vortrefflich angelegt und auf das köstlichste durchgebildet. Überall tritt uns sowohl das sorgfältigste Studium der Natur als auch weises Abwägen und Prüfen der einzelnen Teile und ihres Verhältnisses zu einander hervor. Davon zeugen auch deutlich die erhaltenen Handzeichnungen, von denen sich oft eine ganze Reihe auf

Fig. 11. Figuren aus den historischen Teppichen.

eine Darstellung bezieht. Neben der Gestalt des Otto, der hier in reichem Festgewande, dort in glänzendem Kriegskleide erscheint, ragen in erster Linie die prächtigen Fahnen- und Standartenträger hervor, die auf mehreren Darstellungen vorkommen und von wunderbar dekorativer Wirkung sind (Fig. 11 u. 12). Und wie die einzelnen, oft zu schönen Gruppen vereinigten Gestalten, so erfreuen auch die vielen dekorativen Einzelheiten, wie sie uns

Fig. 12. Figur aus den historischen Teppichen.

besonders in den reichen Gewändern entgegentreten. Nur ein Meister des Ornaments war imstande, alle Teile bis ins einzelne hinein in dieser Weise durchzubilden; überall finden wir neue, reizvolle Motive, ohnedass sich die ornamentalen Partien irgendwie störend hervordrängten. Je länger man diese Kompositionen betrachtet, um so lieber wird man sie gewinnen, und um so grösser wird die Bewunderung sein, die man ihrem Schöpfer zollt. — Dasselbe gilt auch von den übrigen gleichfalls im Nationalmuseum hängenden Teppichen mit den Darstellungen der Monate, Jahres- und Tageszeiten, von denen die ersteren bei der erwähnten Hochzeit das Zimmer der Braut schmückten. Da verkündet den Januar eine frohe Tafelrunde, während lustige Masken an die Karnevalsfreuden des Februar erinnern. Ein pflügender Landmann und eine eggende Bäuerin kennzeichnen den März, eine Falkenjagd den April, und während im Garten thätige Männer und Frauen den Mai andeuten, lässt die Schafschur an die im Juni beginnende Hitze des Sommers denken. Der Juli führt uns in den schattigen, durch Jagd belebten Wald, der August dagegen auf das sonnige Feld, wo wir dem Treiben der Schnitter und Schnitterinnen zusehen. Ein mit Vieh, Geflügel und Früchten in die Stadt ziehender Landmann ist bezeichnend für den September, während eine gemütliche Herbstfeier unmittelbar den Oktober in Erinnerung ruft. Dass auch der Winter seine Lust und Freude hat, beweisen die Eberjagd des Novembers und das fröhliche Schlachtfest des Dezembers, wo auf allen Gesichtern rechte Weihnachtsfreude strahlt. — Etwa halb so gross wie diese zwölf Teppiche sind die beiden mehr allegorisierenden Tageszeiten und die vier Jahreszeiten mit den in frischer Frühlingsluft im Parke spielenden Kindern, den in der Sommerhitze am Quell Kühlung suchenden Frauen, dem munteren Winzerpaare und den im warmen Stübchen hockenden beiden Alten.

Der genrehafte Charakter, der in diesen dem gewöhnlichen Leben und Treiben des Volkes entlehnten Darstellungen wie auch in einzelnen Partien der historischen Teppiche deutlich zutage tritt, erinnert uns unwillkürlich an den niederländischen Ursprung unseres Meisters, aber deutlich spüren wir daneben, dass dieser Mann viel zu sehr unter dem Banne der Kunst Italiens stand, als dass er je zu einer eigenartig nationalen Kunstweise hätte durchdringen können. So tritt er uns in allen seinen Werken als charakteristisches Beispiel eines italianisierenden Meisters entgegen, der nicht vor sich schauend das Ideal erblickt und mit feurigem Geiste zu erringen strebt, sondern der mit liebender, sorgsamer Hand die heilige Flamme der

hinter ihm liegenden Kunst ernährt, um mit ihrem Scheine
die kältere Gegenwart zu durchleuchten und zu durchwärmen.
Das aber entsprach gerade der Stimmung des Kreises,
für den er zu wirken berufen war, und darum haben auch
seine Schöpfungen für uns eine grössere Bedeutung, als
wir sie für gewöhnlich den Werken der italianisierenden
Meister beizumessen vermögen; denn nur diejenige Kunst
kann auf dauernde Geltung und Anerkennung Anspruch
erheben, welche auch wirklich in dem Grunde wurzelt,
welcher sie trägt.

Anmerkungen.*

1) Vergl. Gmelin, Die obere Stadtpfarrkirche zu Ingolstadt, in der Zeitschrift des Kunstgewerbevereins München 1885. S. 80 ff.

2) Vergl. Zimmermann Max, Münchener Bauten Herzog Albrecht V. von Baiern. Repertorium für Kunstwissenschaft X, 4 (1887).

3) Vergl. Baader, Beiträge zur Kunstgeschichte Nürnbergs. 1860. S. 14.

4) Das erwähnte Studienblatt befand sich unter den auf S. 76 Anm. 2 und S. 253 unseres 1885 erschienenen Buches über Peter Candid erwähnten aber nicht bekannten Handzeichnungen des Felix Halm. Dieselben waren in den Besitz des Grafen Maffei übergegangen und befinden sich nunmehr seit Jahresfrist im königl. Kupferstichkabinett zu München, das sie in der von Halm gegebenen Anordnung in fünfzehn grossen Mappen bewahrt. Von den wichtigsten in dieser Sammlung vorkommenden Handzeichnungen Candids wird mit Anführung der Mappen- und Nummerzahl weiterhin die Rede sein. Das genannte Blatt mit dem väterlichen Bildnis findet sich auf Tafel 56 der ersten Mappe.

5) Vergl. ausser meinem Buche S. 152 ff. meine Polemik mit G. F. Seidel in der Allgemeinen Zeitung, Jahrgang 1886, Beilage N. 182 u. 311.

6) Vergl. Allgemeine Deutsche Biographie.

7) Vergl. Cornelius Gurlitt, Geschichte des Barockstils und des Rococo in Deutschland 1889. S. 39.

8) Vergl. Zeitschrift des Historischen Vereins für Schwaben und Neuburg. XIV. Jahrgg. S. 221 ff.

9) Abgebildet bei Hirth, Formenschatz 1882. S. 126.

10) Abgebildet bei Hirth, Formenschatz 1883. 77 u. 78.

11) Abgebildet bei Hirth, Formenschatz 1880. 75.

12) Abgebildet im Jahrbuch des bayerischen Kunstgewerbes 1877.

13) Abgebildet in der Zeitschrift f. Kunst u. Gewerbe 1886, 99.

14) Ein Blatt abgebildet bei Hirth, Formenschatz 1879, 25 u. 26.

---

*) Den litterarischen Nachweis habe ich nur so weit geführt, als meine im Jahre 1885 erschienene grössere Arbeit: »Peter Candid, sein Leben und seine Werke« nicht die Quelle für die vorliegende Abhandlung bildete.

Verzeichnis der Abbildungen.

1. Vignette mit Figuren von der Decke der Grottenhalle in der Residenz zu München. (Die Figuren nach Skizzen von Otto Rieth.) S. 18.
2. Vignette mit Köpfen aus den Deckenmalereien des Kaisersaales in der Residenz zu München. (Die Köpfe nach Aufnahmen des Verfassers.) S. 35.
3. Oberteil des Altargemäldes »St. Benedikt und St. Franziskus in Verehrung vor der Madonna« in der Kirche St. Ulrich und Afra zu Augsburg. (Nach Photographie getuscht.) S. 39.
4. Altargemälde in der »Schmerzhaften Kapelle« der Kapuziner in München. (Nach dem Stich von J. Lindner getuscht.) S. 42.
5. Vignette mit zwei bronzenen Portalfiguren von der Westfassade der Residenz zu München. (Nach Photographie.) S. 46.
6. Die Bronzegruppe von der Fassade der St. Michaelskirche in München nach dem von Candid aufgezeichneten Kilianschen Stich. S. 50.
7. St. Michael den Lucifer tötend, Bronzegruppe an der Fassade der St. Michaelskirche in München. (Nach Photographie.) S. 51.
8. Bavaria, Bronzefigur im Hofgarten der Residenz zu München. (Nach Photographie.) S. 53.
9. Die Erde, Bronzefigur vom Wittelsbacher Brunnen im Brunnenhofe der Residenz zu München. (Nach Photographie.) S. 55.
10. Knieender Landsknecht, Bronzefigur vom Ludwigsmausoleum in der Frauenkirche zu München. (Nach Photographie.) S. 58.
11. und 12. Figuren aus den Teppichen mit Darstellungen aus der Geschichte Ottos von Wittelsbach. (Nach Skizzen des Verfassers.) S. 67 u. 68.

Ebenfalls im SEVERUS Verlag erhältlich:

Alexander Goette
Holbeins Totentanz und seine Vorbilder
SEVERUS 2010 / 400 S. / 49,50 Euro
ISBN 978-3-942382-90-8

Alexander Goette führt in diesem Werk durch die „Imagines mortis" Hans Holbeins des Jüngeren, der im Jahre 1530 durch 33 Holzschnitte erstmals künstlerisch verdeutlicht, wie der Tod Alter und Stand unberücksichtigt läßt und Menschen aus Beruf und Lebensfreude herausreißt.

Goette beleuchtet Inhalt und Ursprung der mittelalterlichen Totentänze und begleitet den Leser durch die Geschichte französischer, sowie nieder- und oberdeutscher Totentänze. Der Schwerpunkt liegt auf der Betrachtung der Totentanz-Darstellungen Holbeins, der in seinen Bildern das „Schauspiel des Lebens" an uns vorüberziehen läßt, „mit seinem Licht und seinem Schatten, und stets in Bildern von einwandsfreier Wahrheit und Wirklichkeit, voll Kraft und Leidenschaft, aber meist auch von weisem Maß und oft von hoher Anmut."

Goette vereinigte mit dieser Arbeit erstmals Holbeins sämtliche Totentänze vollständig und in einem Werk.

Mit 95 Abbildungen im Text, 2 Beilagen und 9 Tafeln

www.severus-verlag.de

Ebenfalls im SEVERUS Verlag erhältlich:

Lou Andreas-Salomé
Rainer Maria Rilke
gebundene Sonderausgabe zum 150. Geburtstag der Autorin
SEVERUS 2010 / 144 S. / 24,50 Euro
ISBN 978-3-86347-031-9

Lou Andreas-Salomé hat ein eindringliches und geistreiches Werk über einen der bekanntesten deutschen Dichter verfaßt, das sensibel und intelligent zu einem tieferen Verständnis Rilkes und seines Schaffens führt.
Geprägt durch die enge persönliche Beziehung der Autorin zum Dichter, durch das Hinzuziehen des Briefwechsels, gleicht dieses Buch vielmehr einem Sich-Erinnern, einem Zwiegespräch, einem letzten Beisammensein und ist durch den poetischen und feinsinnigen Schreibstil ein kostbares Kleinod deutscher Literatur.

www.severus-verlag.de

Ebenfalls im SEVERUS Verlag erhältlich:

Wilhelm Klein
Die Geschichte der Griechischen Kunst
Erster Band
Die Griechische Kunst bis Myron
SEVERUS 2011 / 488 S./ 59,50 Euro
ISBN 978-3-86347-028-9

Klein beginnt in diesem ersten Band seiner „Geschichte der Griechischen Kunst" mit der mykenischen Kultur der späten ägäischen Bronzezeit vor der Rezeption des Mythos und mit den ältesten mythischen Darstellungen bis zum Beginn der Marmorplastik. Er wendet sich der Zeit der Tyrannis zur Wende des 6. Jahrhunderts zu und befasst sich mit der attischen Kunst bis zu den Perserkriegen sowie mit den Bildhauern der Generation vor Phidias. Die Malerei des Polygnot und der Zeustempel von Olympia bilden den Abschluss dieses ersten Bandes.

Der 1850 geborene Wilhelm Klein war ein österreichischer Archäologe und Philologe. Nach seiner Promotion 1875 unternahm er mehrere Studienreisen – insbesondere nach Griechenland und Italien. 1892 bekam er die Professur für Klassische Archäologie an der Karl-Ferdinands-Universität in Prag. Er war Mitbegründer der „Gesellschaft zur Förderung deutscher Wissenschaft, Kunst und Literatur".

www.severus-verlag.de

Bisher im SEVERUS Verlag erschienen:

Achelis. Th. Die Entwicklung der Ehe * **Andreas-Salomé, Lou** Rainer Maria Rilke * **Arenz, Karl** Die Entdeckungsreisen in Nord- und Mittelafrika von Richardson, Overweg, Barth und Vogel * **Aretz, Gertrude (Hrsg)** Napoleon I - Briefe an Frauen * **Ashburn, P.M** The ranks of death. A Medical History of the Conquest of America * **Avenarius, Richard** Kritik der reinen Erfahrung * Kritik der reinen Erfahrung, Zweiter Teil * **Bernstorff, Graf Johann Heinrich** Erinnerungen und Briefe * **Binder, Julius** Grundlegung zur Rechtsphilosophie. Mit einem Extratext zur Rechtsphilosophie Hegels * **Bliedner, Arno** Schiller. Eine pädagogische Studie * **Blümner, Hugo** Fahrendes Volk im Altertum * **Brahm, Otto** Das deutsche Ritterdrama des achtzehnten Jahrhunderts: Studien über Joseph August von Törring, seine Vorgänger und Nachfolger * **Braun, Lily** Lebenssucher * **Braun, Ferdinand** Drahtlose Telegraphie durch Wasser und Luft * **Brunnemann, Karl** Maximilian Robespierre - Ein Lebensbild nach zum Teil noch unbenutzten Quellen * **Büdinger, Max** Don Carlos Haft und Tod insbesondere nach den Auffassungen seiner Familie * **Burkamp, Wilhelm** Wirklichkeit und Sinn. Die objektive Gewordenheit des Sinns in der sinnfreien Wirklichkeit * **Caemmerer, Rudolf Karl Fritz** Die Entwicklung der strategischen Wissenschaft im 19. Jahrhundert * **Cronau, Rudolf** Drei Jahrhunderte deutschen Lebens in Amerika. Eine Geschichte der Deutschen in den Vereinigten Staaten * **Cushing, Harvey** The life of Sir William Osler, Volume 1 * The life of Sir William Osler, Volume 2 * **Dahlke, Paul** Buddhismus als Religion und Moral, Reihe ReligioSus Band IV * **Eckstein, Friedrich** Alte, unnennbare Tage. Erinnerungen aus Lehr- und Wanderjahren * Erinnerungen an Anton Bruckner * **Eiselsberg, Anton Freiherr von** Lebensweg eines Chirurgen * **Eloesser, Arthur** Thomas Mann - sein Leben und Werk * **Elsenhans, Theodor** Fries und Kant. Ein Beitrag zur Geschichte und zur systematischen Grundlegung der Erkenntnistheorie. * **Engel, Eduard** Shakespeare * Lord Byron. Eine Autobiographie nach Tagebüchern und Briefen. * **Ferenczi, Sandor** Hysterie und Pathoneurosen * **Fichte, Immanuel Hermann** Die Idee der Persönlichkeit und der individuellen Fortdauer * **Fourier, Jean Baptiste Joseph Baron** Die Auflösung der bestimmten Gleichungen * **Frimmel, Theodor von** Beethoven Studien I. Beethovens äußere Erscheinung * Beethoven Studien II. Bausteine zu einer Lebensgeschichte des Meisters * **Fülleborn, Friedrich** Über eine medizinische Studienreise nach Panama, Westindien und den Vereinigten Staaten * **Goette, Alexander** Holbeins Totentanz und seine Vorbilder * **Goldstein, Eugen** Canalstrahlen * **Griesser, Luitpold** Nietzsche und Wagner - neue Beiträge zur Geschichte und Psychologie ihrer Freundschaft * **Hartmann, Franz** Die Medizin des Theophrastus Paracelsus von Hohenheim * **Heller, August** Geschichte der Physik von Aristoteles bis auf die neueste Zeit. Bd. 1: Von Aristoteles bis Galilei * **Helmholtz, Hermann von** Reden und Vorträge, Bd. 1 * Reden und Vorträge, Bd. 2 * **Kalkoff, Paul** Ulrich von Hutten und die Reformation. Eine kritische Geschichte seiner wichtigsten Lebenszeit und der Entscheidungsjahre der Reformation (1517 - 1523), Reihe ReligioSus Band I * **Kautsky, Karl** Terrorismus und Kommunismus: Ein Beitrag zur Naturgeschichte der Revolution * **Kerschensteiner, Georg** Theorie der Bildung * **Krömeke, Franz** Friedrich Wilhelm Sertürner - Entdecker des Morphiums * **Külz, Ludwig** Tropenarzt im afrikanischen Busch * **Leimbach, Karl Alexander** Untersuchungen über die verschiedenen Moralsysteme * **Liliencron, Rochus von / Müllenhoff, Karl** Zur Runenlehre. Zwei Abhandlungen * **Mach, Ernst** Die Principien der Wärmelehre * **Mausbach, Joseph** Die Ethik des heiligen Augustinus. Erster Band: Die sittliche Ordnung und ihre Grundlagen * **Mauthner, Fritz** Die drei Bilder der Welt - ein sprachkritischer Versuch * **Müller, Conrad** Alexander von Humboldt und das Preußische Königshaus. Briefe aus den Jahren 1835-1857 * **Oettingen, Arthur von** Die Schule der Physik * **Ostwald, Wilhelm** Erfinder und Entdecker * **Peters, Carl** Die deutsche Emin-Pascha-Expedition * **Poetter, Friedrich Christoph** Logik * **Popken, Minna** Im Kampf um die Welt des Lichts. Lebenserinnerungen und Bekenntnisse einer Ärztin * **Prutz, Hans** Neue Studien zur Geschichte der Jungfrau von Orléans * **Rank, Otto** Psychoanalytische Beiträge zur Mythenforschung. Gesammelte Studien aus den Jahren 1912 bis

1914. * **Rohr, Moritz von** Joseph Fraunhofers Leben, Leistungen und Wirksamkeit * **Rubinstein, Susanna** Ein individualistischer Pessimist: Beitrag zur Würdigung Philipp Mainländers * Eine Trias von Willensmetaphysikern: Populär-philosophische Essays * **Sachs, Eva** Die fünf platonischen Körper: Zur Geschichte der Mathematik und der Elementenlehre Platons und der Pythagoreer * **Scheidemann, Philipp** Memoiren eines Sozialdemokraten, Erster Band * Memoiren eines Sozialdemokraten, Zweiter Band * **Schweitzer, Christoph** Reise nach Java und Ceylon (1675-1682). Reisebeschreibungen von deutschen Beamten und Kriegsleuten im Dienst der niederländischen West- und Ostindischen Kompagnien 1602 - 1797. * **Stein, Heinrich von** Giordano Bruno. Gedanken über seine Lehre und sein Leben * **Strache, Hans** Der Eklektizismus des Antiochus von Askalon * **Thiersch, Hermann** Ludwig I von Bayern und die Georgia Augusta * **Tyndall, John** Die Wärme betrachtet als eine Art der Bewegung, Bd. 1 * Die Wärme betrachtet als eine Art der Bewegung, Bd. 2 * **Virchow, Rudolf** Vier Reden über Leben und Kranksein * **Wecklein, Nikolaus** Textkritische Studien zu den griechischen Tragikern * **Weinhold, Karl** Die heidnische Totenbestattung in Deutschland * **Wernher, Adolf** Die Bestattung der Toten in Bezug auf Hygiene, geschichtliche Entwicklung und gesetzliche Bestimmungen * **Weygandt, Wilhelm** Abnorme Charaktere in der dramatischen Literatur. Shakespeare - Goethe - Ibsen - Gerhart Hauptmann * **Wlassak, Moriz** Zum römischen Provinzialprozeß * **Wulffen, Erich** Kriminalpädagogik: Ein Erziehungsbuch * **Wundt, Wilhelm** Reden und Aufsätze * **Zoozmann, Richard** Hans Sachs und die Reformation - In Gedichten und Prosastücken, Reihe ReligioSus Band III

www.severus-verlag.de

www.ingramcontent.com/pod-product-compliance
Lightning Source LLC
Chambersburg PA
CBHW051616230426
43668CB00013B/2130